LA FRANCE CIVILISATRICE

MADAGASCAR

PAR

NAPOLÉON AUBANEL

PARIS

G. DECOMBEJEAN, ÉDITEUR

3, rue Perronet

LA FRANCE CIVILISATRICE

MADAGASCAR

PROPRIÉTÉ DE L'ÉDITEUR

Chefs Sakalaves

N. AUBANEL

LA FRANCE CIVILISATRICE

MADAGASCAR

PARIS

DECOMBEJEAN, ÉDITEUR

3, rue Perronet

INTRODUCTION

Les envieux, pour lesquels les gloires sont l'exception de l'histoire de leur pays, les pessimistes et les prophètes de fantaisie, se plaisent à proclamer, à tout propos et hors de tout propos, la déchéance de la France. Déchue au point de vue moral, déchue au point de vue politique, disent ces aimables plaisants en une phraséologie emphatique, la France descend chaque jour vers le gouffre funèbre au fond duquel se trouve la ruine de son prestige (1).

Finis Galliæ!

---

(1) Nous avons lu bien souvent des phrases de ce genre dans des journaux et même dans des livres.

Les faits font prompte justice de ces calomnies, dont la force ne se mesure qu'au seul mécontentement de ceux qui les débitent, et le mépris qu'elles inspirent devrait tenir lieu de réponse. Mais il est quand même bon de les relever, ne fusse que pour la confusion de leurs auteurs.

Le rayonnement du prestige de la patrie n'a pas faibli ; l'histoire dit assez les splendeurs nationales qui sont les titres de noblesse des Français.

Nous concèderons volontiers qu'au point de vue moral, certaine presse, certaine littérature, en poussant la liberté au-delà des limites où commence la licence, ont jeté quelque confusion dans les esprits. Nous reconnaîtrons encore que le matérialisme, conséquence d'un trouble social regrettable, a singulièrement modifié les belles inspirations de l'idéal ; mais ce sont là des considérations d'un ordre purement secondaire. Quelques changements ont pu être apportés dans la forme, sans dénaturer en quoi que ce soit le fond. Le bon sens en a vite raison ; et c'est justement parce que le bon sens a eu et aura toujours raison de ces effleurements contraires au naturel français, que le pays ne peut rien perdre de son prestige.

Regardons l'histoire à travers les siècles : quelles éblouissantes pages, quel rayonnement ! Ce n'est toujours qu'une marche triomphale sur un long chemin où poussent les lauriers et les palmes.

Les Gaulois, nos pères, qui ont écrit les premières pages, toutes de gloire, de cette histoire, ont inscrit en son frontispice : « Nous ne craignons rien des hommes, nous ne craignons que le ciel, qui pourrait tomber sur nos têtes. »

Les Français d'aujourd'hui ont-ils d'autres craintes ?

Non !

Et le soleil de France, qui se couche rarement, brille toujours splendide sur le monde ébloui ; et la féerique vision du passé, qu'il éclaire et fait bondir le cœur en de patriotiques transports, est toujours la même.

La France, faite de générosités chevaleresques, qui transforme tous les jours ses sueurs en sacs d'écus, et ses écus en choses humanitaires, a semé partout le grain fécondant de la civilisation. Elle a su, malgré ses défaites, qui ne comptent pour ainsi dire pas à côté de ses nombreux triomphes, se maintenir première dans le cadre des nations prépondérantes. N'a-t-elle pas aussi, au cours de ses glorieuses, tristes ou sanglantes convulsions historiques, remporté de nombreuses victoires morales ?

Déchue, allons donc !

La France ne déchoit pas.

N'y a-t-il pas, sur son sol sacré, des hommes pour la maintenir prospère et la défendre ? N'y a-t-il pas Là-Haut un Dieu qui veille sur son salut ? Le génie du mal tremble sous son œil protecteur. Si elle subit des épreuves, qui la relèvent encore, elle n'a pas accepté d'humiliations qui pourraient l'abaisser. Plus que jamais, elle est impérissable, la vieille et noble devise :

Gesta Dei per Francos !

Le titre de notre œuvre : *La France civilisatrice*, indique bien ce qu'elle sera. C'est une excursion à travers le monde où la nation plante son drapeau. Nous allons suivre nos soldats dans ces pays d'outre-mer, lointains, à peine connus, dont beaucoup sont encore barbares ; nous allons voir comment ces races malheureuses d'hommes aux instincts de bêtes ont pu et peuvent redevenir les êtres que Dieu a créés à son image, se développer sous le souffle civilisateur et suivre la voie qui conduit à la lumière, à la liberté.

Nous suivrons aussi nos missionnaires qui viennent compléter l'œuvre de régénération par la pratique des enseignements du Fils de l'Homme.

On prétend aussi que les Français ne sont pas colonisateurs, qu'attachés à leur sol, ils ne le quittent guère ; c'est encore là une de ces erreurs voulues et peu justifiées. Le Français, c'est vrai, adore sa patrie avec passion, mais c'est justement pourquoi il se dévoue pour elle. Si nous devions enregistrer ici les noms de nos explorateurs et de nos colonisateurs, on verrait combien la liste en est longue, mais cette statistique ne doit être faite que dans un livre d'or spécial.

L'esprit d'aventure est commun en France ; peut-être l'esprit pratique l'est-il moins ; c'est ce qui permet l'accusation et pourrait lui donner une *apparence* de réalité. Le Français s'expatrie assez volontiers, mais jamais sans espoir de retour ; son but principal, l'idée dominante, quand il quitte son sol pour passer les mers, c'est de voir, et, après avoir vu, de laisser des traces utiles de son passage.

L'égoïsme n'existe pas chez lui, il travaille plutôt au profit de ceux parmi lesquels il se trouve ; s'il crée une industrie, un commerce, s'il fait des études, le but c'est surtout d'implanter l'idée française. Nous n'irons pas jusqu'à prétendre qu'il dédaigne de gagner de l'argent et qu'il ne vise pas à faire fortune ; mais nous affirmons que l'amour-propre national passe avant l'amour du gain. Il veut qu'on l'estime.

Les Français sont les exportateurs de la civilisation avant d'être les froids calculateurs qui ne voient partout que des bénéfices à réaliser ; c'est pour cela que l'on aime la France dans les pays où elle a porté son drapeau, et ce serait même là la cause de sa faiblesse si elle n'était assez riche pour rester indifférente au chiffre d'un revenu.

Beaucoup d'autres, qui ne colonisent que pour exploiter, savent se faire craindre ; cela vaut mieux quand, à la place du cœur, on a une bourse ; mais entre les Français et ces autres, ceux qui doivent être considérés comme les civilisateurs ne sont certainement pas les derniers.

Que résulte-t-il, en général, de la colonisation française ? Un développement intellectuel et moral, un affranchissement de l'homme et des relations qui profitent au monde en même temps qu'à la France. On ne peut pas dire de même de la colonisation pratiquée par ces autres auxquels nous faisons allusion, d'où il ne résulte, le plus souvent, qu'un mouvement commercial qui leur profite exclusivement et une chaîne plus lourde pour les malheureux qu'ils dominent de leur force.

De très nombreux explorateurs ont écrit les récits de leurs voyages. Des navigateurs intrépides, des aventuriers pleins d'audaces ont décrit, avec les merveilles européennes, celles plus attirantes des pays d'outre-mer : L'Asie, l'Afrique, l'Amérique, l'Océanie, ont été visitées ; il n'existe peut-être pas un coin de terre sur les continents, un îlot dans les mers qui n'ait été exploré. Les travaux auxquels ont donné lieu ces excursions lointaines ont puissamment contribué aux progrès scientifiques ; des sources de richesses industrielles et commerciales ont été créées et ont contribué aux transactions européennes.

Les curiosités et les trésors de toutes sortes que renferme le globe sont immenses ; quant aux mœurs et aux coutumes des divers peuples, ils ont un attrait dont l'intérêt ne cesse pas d'être grand.

Il est évident, aussi, que les connaissances de ces choses sont non seulement instructives mais exercent encore sur les initiatives une influence remarquable ; le parallélisme en est un constant sujet de réflexions qui pousse à l'amélioration des races.

Tous les pays du monde sont connus quoique quelques-uns ne le soient que d'une façon bien superficielle ; une nouvelle relation de voyage ne peut avoir un intérêt réel que si elle a un caractère d'actualité et renferme des faits ou des incidents relatifs aux mœurs, aux usages et à l'histoire de ceux qui en font l'objet. Au point de vue général, tout a été à peu près dit ; en ce qui concerne l'étude géographique en particulier, il ne reste que les détails à définir. Les nombreuses descriptions des pays d'outre-mer qui ont été faites par les explorateurs ne diffèrent que dans la forme de l'exposé : c'est là une conséquence forcée du sujet qui reste toujours le même. Le chemin parcouru par l'un est le plus souvent suivi par l'autre, il est donc évident que les mêmes choses et les mêmes objets frappant l'esprit de deux écrivains, le changement ne se trouve que dans la forme de leurs narrations. Toutefois, cette considération n'a pas la force de détruire l'intérêt toujours attrayant des récits de voyages, elle présente au contraire un charme de plus par la variété qui en découle.

Notre œuvre, pour ces raisons, ne peut échapper à la loi commune, mais elle comporte, par sa spécialisation, un caractère d'actualité qui lui donne un attrait de plus.

Elle n'est pas seulement un récit de voyages et d'aventures ; ce n'est pas la simple réédition de choses déjà dites ou l'exposé de faits déjà connus, c'est, avant tout, l'histoire de la France considérée dans ses travaux de civilisation et de colonisation.

Le caractère est donc bien distinct.

Il ne s'agit, ici, que des nombreux efforts faits par notre pays pour le progrès social et humanitaire, de ses sacrifices pour l'affranchissement des peuples opprimés. Ce n'est que dans les colonies qu'il possède, les contrées où s'exerce son influence, que porte notre étude.

Nous allons parcourir les pays d'outre-mer où flotte notre drapeau, les prendre à leur origine, écrire leur histoire à travers les siècles, faire une étude consciencieuse de leurs mœurs, de leurs usages, de leurs ressources et de leurs travaux. Nous verrons aussi, avec la nature de leur sol, la faune, la flore ; le rôle qu'ils ont joué pendant leur période de barbarie et le rôle qu'ils jouent aujourd'hui dans le monde où la civilisation leur a assigné une place.

En un mot, rien de ce qui peut présenter un intérêt quelconque ne sera omis pour rendre aussi complète et aussi instructive que possible cette étude ethnographique et ethnologique.

Il serait convenable de commencer la *France civilisatrice* par la première des colonies où la France a exercé son protectorat, ou par la première de ses possessions, pour nous conformer aux règles de l'historien, mais les événements qui se déroulent actuellement à Madagascar nous imposent d'intervertir l'ordre chronologique et de commencer par ce pays.

Nous estimons, en effet, qu'il est préférable de faire connaître tout de suite à ceux qui nous liront, la « Grande Terre » où nos soldats vont se battre pour l'honneur de la Patrie et le maintien d'un prestige constitué par un droit sacré, imprescriptible : le droit du bienfaiteur.

Les descriptions que l'on a pu faire sur Madagascar pèchent à peu près toutes par une insuffisance obligatoire de précision ; l'île est mal connue, parce que d'ailleurs il a été *presque* impossible de la bien connaître. (1)

---

(1) On verra à la lecture de ce livre pourquoi nous avons souligné le mot *presque*.

Les habitants, parmi lesquels on ne compte que peu, et peut-être plus depuis quelques années, de premiers naturels, sont les descendants de populations hétérogènes, nomades venus un peu de partout, différant dans leurs mœurs, leurs usages, nous dirions peut-être mieux dans leurs instincts. Rebelles à toute civilisation, il était difficile et dangereux d'arriver jusqu'aux lieux où elles habitent ; à peine a-t-on pu explorer les côtes de l'île et une faible partie de l'intérieur ; à peine a-t-on pu civiliser une fraction de ses habitants, et encore combien incomplètement !

Nous considérons, dans ce volume, Madagascar depuis sa découverte jusqu'à ce jour. L'ingérance peu courtoise et déloyale de certains étrangers, dans nos affaires relatives à la conquête de ce protectorat, nous impose l'obligation de nous livrer à quelques critiques ; mais nous le faisons sincèrement, sans parti-pris et seulement pour prouver que si la France est obligée de recourir encore à des moyens de répression violents, dans un pays qui devrait être sa propriété exclusive, la seule faute en est à d'autres et non à elle. Nous ne voulons blesser la susceptibilité de personne, ceci dit une fois pour toutes, mais nous ne cacherons rien de la vérité. Nous nous efforcerons même, si nous le pouvons, de rendre cette vérité le moins dur possible en tant, bien entendu, que nous le permet le caractère d'honneur, de générosité et de bravoure de la France.

CHAPITRE PREMIER

Madagascar

L'ILE de Madagascar a été découverte par un navigateur portugais, vers l'an 1500.

Le nom de Madagascar n'est pas le seul sous lequel cette terre a été désignée. On l'a successivement appelée : Pays de Djafouna ; Sao Laurenco *(Diago Dias)*; Mémuthias *(Ptolémée)*; Cerné *(Pline)* ;Pays des Gallions *(Les Portugais)*; Le Cimetière *(Les Hollandais)* (1).

Les Anglais la baptisèrent d'un nom très expressif qui semble tout de suite en désigner la propriété : La Grande-Bretagne de l'Océan Indien !

Mais toutes ces dénominations ne sont consignées ici que pour mémoire.

Le nom de Madagascar ou Madégasse est celui que lui donnaient les indigènes, avant Ptolémée, avant Pline, avant tout le monde, et qui a toujours été conservé.

---

(1) Les soldats du 200e régiment formé pour l'expédition, l'ont à leur tour baptisée du nom de « Madame Gaspar ».

L'île de Madagascar est l'une des plus grandes que l'on rencontre dans les mers. Sa superficie, plus considérable que la superficie de la France, mesure près de six cent mille kilomètres carrés.

Elle est située, dans l'Océan Indien, à l'Est du continent africain, dont elle est séparée par le canal de Mozambique; placée entre le 12° de latitude boréale et le 26° de latitude Sud; le 41° et le 49° de longitude. Elle est donc comprise dans la zone inter-tropicale.

Sa longueur, du cap d'Ambre, au Nord, au cap Sainte-Marie, au Sud, ne mesure pas moins de 1,625,000 mètres. Sa forme oblongue est surtout très irrégulière. Elle est relativement très étroite au Nord où elle se termine presque en pointe; au Sud, elle a jusqu'à 200,000 mètres de largeur. Sa partie la plus large, comprise entre le 16° et le 18° de latitude, atteint près de 480,000 mètres.

Qu'est-ce que cette terre immense?

Comment se trouve-t-elle au milieu des mers, rocher géant, contre lequel se brisent les fureurs de l'Océan; et depuis quand?

Plusieurs auteurs prétendent que ce n'est là que le reste d'un continent disparu. Geoffroy de Saint-Hilaire, Sclater, admettent cette appréciation :

Les restes du pays merveilleux que connurent les anciens, dont le sol renfermait de l'or, de l'argent, des diamants et des perles précieuses; où vécurent la plupart des êtres fantastiques dont les mythologues ont écrit l'histoire étonnante.

Peut-être ces auteurs ont-ils raison dans leurs probabilités.

N'y avait-il pas de l'autre côté, au Nord-Ouest de la terre d'Afrique, un continent aujourd'hui disparu? La terre des féeriques splendeurs chantées par les d'Helycarnasse, les Strabon, les Homère, les Diodore, les Denys : La terre des Atlantides!

Là aussi vécurent les dieux mythologiques dans le fameux jardin où les arbres produisaient des fruits d'or. L'Océan Atlantique, dans un de ses accès de rage destructive, engloutit un jour les Atlantides, puis, déchire le roc de Gibraltar pour venir s'unir à la Méditerranée.

Il ne reste plus maintenant du pays où Atlas supporta le monde sur ses puissantes épaules, que les roches dispersées qui forment l'archipel canarien.

L'Océan Indien n'a-t-il pu, comme l'Océan Atlantique, dévorer un continent? Les rochers ainsi dispersés, Madagascar, les Mascaraignes, les Sychelles, les Glorieuses, les Comores, ne pouraient-ils en être les restes épars?

En supposant encore, pourquoi ne verions-nous pas un immense continent, duquel l'Afrique même faisait partie, et aujourd'hui divisé par les eaux.

C'est le secret des lointains gris du passé que rien ne nous fera connaitre.

Cependant les preuves des bouleversements, épouvantables et grandioses, de la nature, sont nombreuses.

On a vu tout à coup des iles s'effondrer dans l'abime des mers. On a vu surgir spontanément, à la surface des eaux, des rochers immenses! Les révolutions volcaniques n'ont-elles pas produit des phénomènes stupéfiants!

Dieu fait et défait à son gré l'harmonie des terres et des eaux; il commande à la nature. Les manifestations de sa toute-puissance éclatent dans les choses, qui échappent à la science. Il s'y révèle en rappelant aux hommes leur infinité!

Qui sait s'il n'existe pas dans les sombres mystérieux sous-marins des terres où vivent des êtres extraordinaires. Ne sont-ils pas là ces monstres dont on connait l'existence par les fossiles?

O mystères effrayants et grandioses de la nature, combien le génie humain est misérable, combien les sciences sont nulles à côté de votre majesté !

Les hommes s'agitent impuissants pour fouiller dans les inconnus, et, dépités, ils discutent Dieu, par des démonstrations faites d'hypothèses, jusqu'à ce qu'un souffle les annihile.

Les premiers voyageurs n'ont donné sur Madagascar que des renseignements fort incomplets. Leurs explorations n'allaient guère au delà de quelques points situés sur les côtes.

Quant aux premiers géographes, en tête desquels il faut placer Palestrina, qui fit la première carte de ce pays en 1511, ils n'ont, de même, pas donné de descriptions bien justes.

Ces derniers ont prétendu qu'il existe, dans l'île, une double chaîne de montagnes la parcourant dans toute sa longueur, du Nord au Sud. Le pays se trouverait ainsi parfaitement divisé en deux versants.

Cette chaîne de montagnes est purement imaginaire. C'est une erreur géographique qui a été démontrée depuis.

Le Nord est très montagneux, il comporte un groupe de montagnes irrégulières s'inclinant en sinuosités capricieuses vers la mer.

La côte Est est bien moins accidentée que la côte Ouest, mais plus escarpée; elle se précipite dans la mer où elle s'enfonce profondément.

Une montagne, qui traverse le pays de Bara, se dirige vers le Sud entre Betroky et Vohibato, et les montagnes qui s'y trouvent, vers l'extrémité Sud, descendent en pentes pour se perdre dans les sables du rivage.

Le sol, en plateau, au delà des montagnes, s'incline vers la côte. Le groupe comprend des hauteurs qui s'élèvent jusqu'à 2,500 mètres. Le mont Tsiafa atteint 3,000 mètres au dessus du niveau de la mer.

La hauteur des autres montagnes n'est pas supérieure à 700 ou 800 mètres, excepté vers le Nord où l'on rencontre quelques groupes qui ont jusqu'à 1,200 et 1,500 mètres.

Puis alors ce sont des landes immenses qui s'étendent en des longueurs infinies, nues, tristes, où ne croit pas un végétal.

Les terres argileuses détrempées forment comme un vaste cloaque de boue sanglante, ou, brûlées par le soleil, ressemblent à une effrayante plaie lépreuse dans les déchirures de laquelle grouillent des animaux immondes. Cà et là des aspérités grenues s'élèvent au hasard, irrégularisant le sol ; puis des blocs de roche venant on ne sait d'où, enlisés dans la glaise, formant des taches grises ou noires ; enfin des laves, dont la coulée vient du versant méridional, errayent de leur nuance incertaine ce tableau désolé. Des fauves poursuivis par d'autres fauves traversent quelquefois la plaine ; des indigènes traqués ou perdus pointent, par intervalle, dans ces lointains ; c'est tout.

Les laves révèlent l'existence de volcans, en effet, il existe de nombreux cratères dans ces parages, surtout sur les hauteurs du Sud, et, particularité remarquable, quelques-uns de ces cratères servent de lit à des lacs naturels dans lesquels vivent des poissons de différentes espèces, ou sont habités par des crocodiles monstrueux.

L'abord des plages, excepté sur certains points que nous indiquons plus loin, est inaccessible aux grands navires ; il est notamment parsemé de récifs vers la pointe méridionale de l'Est.

La côte orientale est bien moins dangereuse, aussi les ports y sont-ils nombreux. On y remarque la baie de Diego-Suarez. Cette baie, qui s'enfonce dans le territoire appartenant à la France, est spacieuse ; le bassin a 26 kilomètres. D'autres baies, aussi larges et profondes,

MADAGASCAR

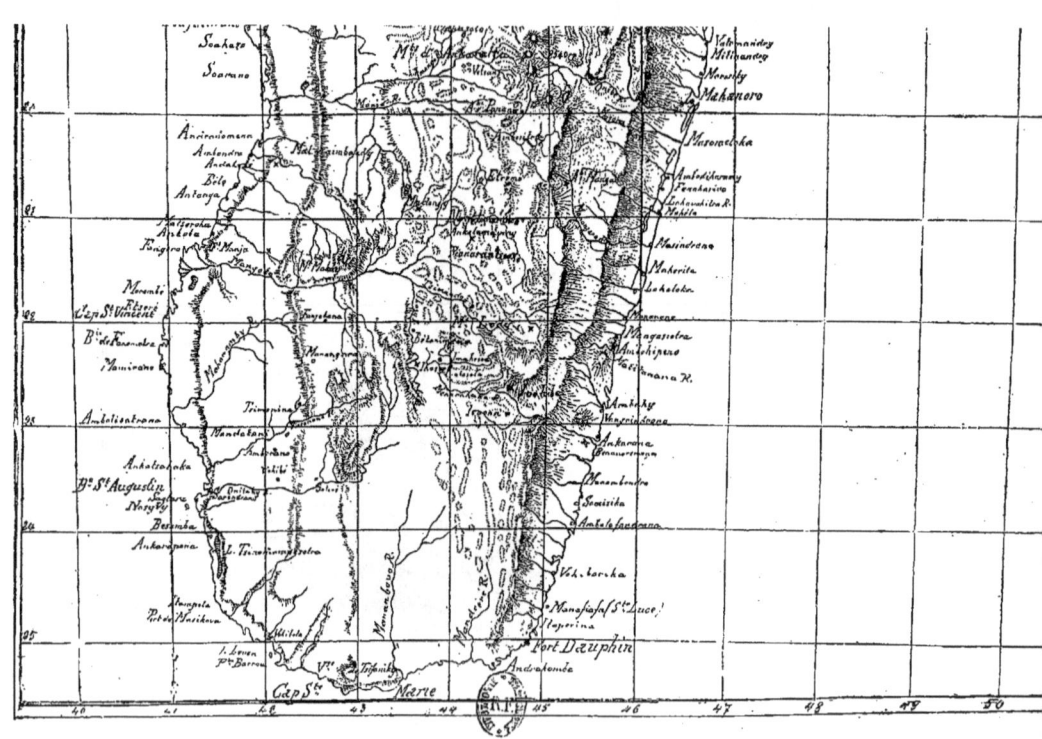

offrent aux navires qui peuvent accoster au rivage un refuge des plus sûrs; elles sont comprises dans le bassin : ce sont la baie du Tonnerre, la baie Tsiala, celle dite des Français, et celle des Cailloux blancs, qui est la plus grande. La partie qui porte le nom de Diego-Suarez est à gauche du bassin, au Sud.

Les autres baies sur la côte Est, en descendant du Nord au Sud, sont moins importantes et désignées sous les noms de : Ziglana, Andrava, Vohémar, le grand havre d'Antongil, au Sud du pays d'Antanorama. Ce havre, qui offre un refuge des mieux abrités, est très fréquenté par les navigateurs.

La côte Est présente encore, dans ses irrégularités, quelques havres et baies de moindre importance.

De l'autre côté, la côte Nord forme beaucoup de baies et de golfes par ses nombreuses découpures; les principaux sont les baies d'Ampoukarana, d'Ambazo; celles de Passandava, en face l'île de Nossi-Bé, de Nazinda, de Mahajamba, de Bombétoke, à Majunka, de Marambitsy, de Korika, des Assassins, et le golfe de Saint-Augustin.

Le port le plus fréquenté est celui de l'île Sainte-Marie, située à l'Est, dans l'Océan Indien, qui porte le même nom que l'île.

Les sinuosités des côtes forment de nombreux caps dont les principaux sont :

Le cap d'Ambre au Nord, les caps Tanifotsy et Miné, placés l'un en face de l'autre, à l'entrée du grand bassin de Diego-Suarez. En descendant la côte Est, du Nord au Sud, on rencontre les caps Lovory, Louquez, Est, Masoalo, Bellones (ces deux derniers à l'entrée de la baie d'Antongil), la pointe Yatapère, à Fort-Dauphin. Tout à fait au Sud, se trouve le cap Sainte-Marie; au Sud-Ouest, la pointe Barrow; à l'Ouest, les caps Saint-Vincent, Anarano, Ambosaka, Ambaro,

Bepehaka, Saint-André, Bararata, Tanjo; les pointes Bombétoke, Maromony et enfin le cap Saint-Sébastien au Nord-Ouest.

D'assez nombreuses îles entourent la Grande-Terre : au Nord-Est, en face la baie de Diego-Suarez, sont les îles Suarez et Diego ; dans la baie même, on rencontre les petites îles du Sépulcre, de Langoro et quelques îlots ; l'île Sainte-Marie à l'Est, possession française, dont nous reparlerons plus loin, et des îlots.

Sur la côte Ouest, les îles et les îlots sont plus nombreux ; ces premières sont : les îles Chatham, Lava, Minow ; Nossi-Bé, possession française, dont la capitale est Hellville, Nosy Milsion, les îles Radama ; Makamby, les Chesterfield ; Juan de Nova ; les Barren ou Stériles ; Mahavelona, Nossi-Vé.

A l'exception des extrémités du Sud, l'île a de l'eau en abondance. De nombreuses sources y forment des cours importants. Toutefois, il n'existe pas de fleuves proprement dits, non point, parce que l'eau n'y est pas en quantité suffisante, puisque au contraire nous venons de dire qu'elle y est abondante, mais parce que les dispositions du sol ne le permettent pas.

Les cours d'eau qui se précipitent n'ont pas, sur leurs pentes étroites, l'espace suffisant pour leur permettre de se joindre en fleuve par un développement en sinuosités.

Très souvent l'impétuosité des eaux ainsi lancées sur un versant rapide, forme des torrents qui roulent en grondements furieux ; le lit ne suffit plus au cours grossissant, alors les eaux débordent et, en des ruisseaux multiples, vont se perdre au loin.

En se répandant ainsi, ces eaux forment des marais étendus, sans profondeur ; elles s'y décomposent et sont une cause générale d'insalubrité.

Les cours d'eau ne sont pas navigables, excepté pour quelques-uns, à leur embouchure. Ils forment, dans ces derniers cas, de petits golfes, d'une assez grande profondeur, partagés en plusieurs branches.

A l'intérieur, indépendamment des lacs formés dans les cratères alimentés par des sources qui leur sont propres, il existe d'autres lacs aussi très poissonneux, ou habités par des crocodiles.

On rencontre des sources d'eaux thermales, très fréquentées par les indigènes.

Les principaux cours d'eau ou rivières sont le Mourandava, le Betsiboka, le Mananzari, le Manangaro, l'Andévourante, enfin le Mangourou, le plus grand cours d'eau qui prend sa source dans le lac d'Antsianaque et s'étend sur une longueur de plus de cent mille mètres. L'Antsianaque, dans ses échappements, forme les quatre principaux lacs dont les eaux stagnantes saturent l'atmosphère d'émanations infectieuses.

Le climat n'est pas généralement malsain à Madagascar.

L'atmosphère est empoisonnée, surtout sur la côte Est et le Sud.

Il se trouve dans ces parages des marais immenses, remplis de vase où l'eau, chauffée par les ardeurs du soleil tropical, n'est plus qu'un liquide sale, pestilentiel, dans lequel vivent des reptiles. Ce sont des foyers de fièvres mortelles, qui rendent si dangereux, sinon impossible, le séjour.

Le centre et la côte Ouest sont relativement tempérés. Les plus fortes chaleurs marquent 40°, la moyenne varie entre 30° et 35°. Les périodes les plus froides ne descendent pas plus bas que 6 ou au maximum 4 degrés au-dessus de 0 ; il est donc évident qu'étant données ces conditions de la température, le pays serait très sain si on faisait disparaître les causes, purement artificielles, de son empoisonnement.

Et il serait très facile d'améliorer les conditions climatériques de l'île. Il suffirait pour cela d'y faire quelques travaux d'irrigations bien combinés, permettant aux eaux de s'écouler plus facilement.

Mais cette œuvre appartient aux civilisateurs qui tireraient de plus grandes richesses de Madagascar, si la colonisation y était autrement possible; ils l'entreprendront certainement.

CHAPITRE II

Les Productions du sol, la Faune, la Flore

Les colonisateurs se sont souvent retranchés derrière l'insalubrité du climat, pour justifier leur insuccès : ce n'est là qu'une mauvaise raison ; dans leur développement considérable, les côtes présentent non seulement des parties très fertiles, mais encore très salubres. Il est évident que si ces colonisateurs avaient eu plus de chance, par l'emploi de moyens mieux combinés, ils n'auraient point invoqué cette excuse et auraient, au contraire, démontré la facilité avec laquelle on peut procéder à un assainissement complet.

Les indigènes ne désirent pas ces améliorations, comme le climat n'est pas très contraire à leur tempéramment, ils se soucient au contraire de conserver les choses telles qu'elles sont. Rebelles aux tentatives de civilisation, l'insalubrité, de même que les conditions impraticables du territoire, y sont considérées comme des défenses naturelles contre les envahisseurs.

Le premier ministre hova a puisé toute son audace dans cette sorte de sécurité pour opposer un refus à l'ultimatum de la France. C'était son principal argument auprès de la reine.

Le sol, dans la plus grande partie du territoire, est d'une fertilité prodigieuse.

A côté des immenses landes, pierreuses, arides, où l'on ne voit pas un seul arbre, il existe des savanes qui s'étendent en des surfaces infinies, entièrement couvertes de hautes herbes, touffues, impénétrables ou nul chemin n'est tracé. Puis viennent des vallées plantureuses où la végétation croit avec une vigueur étonnante. Les terres de ces vallées ont été formées par les eaux qui, par un dépôt de limon en couches successives, leur ont donné une grande épaisseur.

Ainsi préparées, le grain qu'elles reçoivent s'y multiplie à l'infini et produit jusqu'à dix fois la semence.

Les forêts sont grandes, puissantes, largement fournies en arbres.

Les plantes de toutes natures et des plantes particulières, que l'on ne trouve nulle part, y croissent en abondance; elles s'y développent luxuriantes, dans l'atmosphère humide des plages.

Tous les sujets des tropiques y figurent; toutes les familles asiatiques y sont représentées.

Le palmier y acquiert une grosseur et une beauté extraordinaires; le cocotier donne des noix invraisemblables; le géant africain, le baobah, y atteint des proportions inconnues; le tamarinier y est monstrueux.

Le raphia s'étale repu et produit des grappes de fruits qui pèsent jusqu'à un demi-quintal chacune; le sagouier, surnommé l'arbre à pain, riche en fécule, pousse dru à côté du brehmin, chargé de ses fruits comestibles.

L'arbre des voyageurs, le ravenala, déploie ses grandes feuilles en un immense éventail et conserve dans ses pétioles une eau toujours fraiche et limpide.

L'arbre massue, puis l'ouvirandrona, qui tamise le soleil à travers les réseaux de ses larges feuilles ovales.

Et encore les arbres à bois précieux : le palissandre aux tons noirs violets, le teck si recherché par sa solidité et son usage, l'ébénier au bois de fer noir, les bois de rose, etc., etc.

Enfin les orangers et les citronniers aux fruits d'or d'une grosseur inouïe; tous les arbres à fruits, le bananier, le bachibachi ou l'arbre parfum, le cannelier, dont l'écorce est si estimée, le giroflier, l'arbrisseau sarment d'où on extrait la gomme élastique, des eucalyptus et des milliers d'autres plantes dont le classement n'a pas été fait.

La variété comprend plus de cinq mille sujets ; quant au nombre que cette variété produit, il est absolument incalculable.

Il existerait dans les forêts de Madagascar, un arbre monstrueux, fantastique, qui est en même temps un sujet d'effroi et de vénération pour les naturels.

Ce monstre végétal se nourrit de chair !

C'est le *drosera*, plus communément désigné sous le nom de *répé-tépé*.

Son tronc qui atteint jusqu'à trois mètres de hauteur et est assez proportionné en largeur, ressemble à une énorme poire ; l'écorce est représentée par des écailles noirâtres, dans le genre de celles dont est recouvert le palmier; il est percé, à la cime, d'un trou de cinquante à soixante centimètres, où suinte une liqueur gluante dont l'odeur pestilentielle est suffocante. Autour de la cavité s'élancent des fuseaux longs de un à deux mètres, ornés d'un dard acéré; ces fuseaux sont creux, absolument flexibles et ornés dans toute leur longueur de tentacules; au-dessous, une quantité innombrable de scions. Ces bras hideux, car ce sont de véritables bras, s'agitent en tous sens, fouettent l'air avec des sifflements lugubres, s'entrecroisent comme des serpents qui tenteraient de s'entredévorer, ou pendent le long du flanc rebondi du tronc, immobiles comme à l'affût d'une proie.

Les oiseaux, tous les animaux qui passent à la portée du cannibale, sont saisis et sucés jusqu'à la dernière goutte de sang. Quand l'animal est gros, les bras du monstre s'abattent sur lui avec une vivacité extraordinaire; ils s'enroulent autour du corps de la victime qui en est littéralement couverte; les ventouses s'appliquent avec une sorte de fureur, la masse est élevée au-dessus de l'orifice supérieur, la stupéfie par la matière fétide qui sécrète. Aspiré par mille endroits à la fois, il ne reste bientôt plus qu'un objet informe, desséché, qui est promptement rejeté au loin.

Le répé-tépé est friand du sang humain, malheur à l'imprudent qui passe trop près de lui. Quand il sent l'homme, il laisse tous les scions pendre inertes sur ses flancs rebondis; dès que celui-ci, sans méfiance, passe, tous les serpents le cinglent en l'emprisonnant. C'en est fait du malheureux : transporté dans le tronc, il n'en sortira plus qu'à l'état de complet dessèchement.

Autrefois les indigènes offraient des sacrifices humains au répé-tépé; les hommes condamnés pour une cause quelconque ou tout simplement désignés dans ce but, étaient jetés en pâture à l'arbre anthropophage qui le dévorait avec avidité.

Voici, d'après un chroniqueur qui paraît bien informé, comment on procédait à ces cérémonies barbares :

La victime, maintenue par deux gardiens et précédée des ombiaffes, était processionnellement conduite à l'arbre sacré, la foule suivait en chantant et en dansant. Arrivés au but, pendant que les prêtres font des évocations et que la foule continue à hurler, les deux gardiens enlèvent la victime et la placent au haut de l'arbre. Immédiatement les scions l'enveloppent, la tête est envahie, les bras sont fixés le long du corps, les jambes sont étroitement enlacées; on entend le bruit des ventouses qui sucent le sang. Le malheureux sacrifié se raidit, il fait des efforts inouïs pour secouer ces liens horribles, mais le sang sort de toutes parts, presque de tous les pores. Alors les grandes feuilles s'abattent sur lui et dans une formidable étreinte broient les os dont le craquement fait un bruit sinistre....

La flore à Madagascar est d'une très grande richesse : ses couleurs éclatantes, ses formes diverses s'étalent et brillent d'un éclat splendide sous le soleil tropical qui les dore de sa poussière impalpable et les vivifie. Toutes les espèces de cotylédonées sont représentées.

La nombreuse famille parfumée scintille, s'exale en senteurs enivrantes, multicolore, tantôt mignonne de forme et de coloris, tantôt étrange d'aspect et de couleur indéfinissable, toujours attirante par ses beautés et ses parfums. Elle croît partout, en bouquets touffus ; grimpe sur les arbres, se niche dans des fissures de pierres ou se confond avec un paquet d'herbes sauvages inconnues, disgracieuses, qui poussent là, au hasard, sans utilité.

Des broussailles aux arrangements bizarres sortent aussi de terre chargées de petites fleurs jaunes, rouges, blanches, bleues, et d'aspics dangereux.

Des fleurs médicales, dont les propriétés sont connues seulement des indigènes, se confondent avec d'autres fleurs qui exhalent des senteurs dangereuses.

C'est enfin un fouillis inextricable, habité par une légion d'insectes aux robes de velours, de rubis, d'émeraudes et de topazes, des coléoptères d'argent, d'or et de corail, un empire sur lequel règne la plus splendide collection de papillons que l'on puisse imaginer.

Dans ce fouillis, tout vit, tout s'agite : les fleurs accomplissent leurs mystérieuses destinées ; elles se multiplient dans la chasteté immaculée de leurs amours, puisent dans la terre nourricière, qu'elles décorent de leurs inimitables beautés, l'élément de leur force ; reçoivent du ciel la goutte de rosée qui les fait s'épanouir. Doucement bercées par la brise légère qui cueille leurs parfums, elles donnent aux abeilles l'imperceptible atome de sucre pour faire leur miel et aux insectes les voluptés qu'ils exhalent en des bourdonnements joyeux ; elles se fanent et tombent sous les baisers frivoles des brillants papillons.

Tout s'anime dans un frémissement perceptible pour les anges, qui, au-dessus, planent et redisent à Dieu les concerts de ses créatures les plus infimes, mais les plus radieuses.

Comme contraste à ces beautés où la nature s'est plu à jeter les plus belles perles de son écrin, les champs de fleurs, les plaines fertiles, les vallées luxuriantes, les puissantes forêts, les champs de canne à sucre, de cotonnier, de vanille, de riz, les rivières poissonneuses, etc.

A côté se dresse l'effrayante sollitude des sites dévastés, nus, déserts, où le regard de Dieu n'a jamais dû se fixer, où la nature dédaigneuse n'a laissé tomber aucun ornement. Des rocs gris, noirs, lugubres ; des terrains perdus aux teintes sanglantes de l'argile, des sites profonds et sombres comme des tombeaux habités par des reptiles, des fauves et des monstres humains.

RANAVALO MANJAKA, Reine de Madagascar

La faune de Madagascar, de même que sa végétation, présente des variétés surprenantes.

Les naturalistes qui l'ont étudiée comptent un nombre considérable d'espèces d'oiseaux. Mais pour la faune comme pour les plantes, le classement n'est pas fait et beaucoup d'animaux restent encore ignorés.

Les oiseaux, de même que les fleurs, passent des couleurs les plus brillantes et des formes les plus gracieuses aux plumages les plus sombres et à l'aspect le plus laid.

Les ramiers y sont tellement nombreux que dans leur attroupement ils obscurcissent quelquefois le ciel. Il y a en quantité moindre des pigeons bleus et verts.

Le martin-pêcheur au plumage brillant; l'oiseau du paradis aux couleurs vives; tous les oiseaux asiatiques et beaucoup dont la famille est inconnue.

La famille des perroquets représente grandiosement l'ordre des grimpeurs en robe verte, blanche ou grise, à longue queue ou à panache arrogant.

L'agami vert doré avec ses longues jambes, l'alcyon, l'argus, le colibri, le casoar, le cormoran, l'émerillon, l'engoulevent, le flamant aux ailes de feu, le geai, le grèbe d'argent, le héron, la huppe, l'ibis, le martin.

Enfin tous les ordres des passeraux, des rapaces, grimpeurs, coureurs, échassiers, palmipèdes et galinacées y ont des spécimens nombreux.

Des explorateurs, qui ont écrit le récit de leur voyage à Madagascar, prétendent qu'il y avait autrefois un oiseau monstrueux ayant la forme de l'autruche. Cet oiseau, que nous classerons sans difficulté dans l'ordre des fabuleux, était tellement grand et fort, disent-ils, que pour calmer sa faim, il prenait tout simplement un éléphant dans ses puissantes serres et l'emportait à tire d'ailes sur les plus hauts sommets où il le dévorait en paix.

Ces mêmes écrivains ajoutent que l'on aurait retrouvé dans l'île des œufs sphériques de cet oiseau géant, aussi gros qu'un mouton.

Il existe dans les contes des *Mille et une Nuits* un monstre de ce genre : le Roc ; ce fameux aigle qui, dans les aventures de Simbad le Marin joue un rôle merveilleux. C'est probablement à ce récit de la sultane Schéhérazade que l'autruche invraisemblable de Madagascar a été empruntée pour donner un plus grand attrait aux relations de voyage (1).

Les ordres des primates, lumériens, chéiroptères, amphibies, rongeurs, pachydermes, ruminants, y figurent aussi grandement avec des particularités.

L'île possède une espèce de makis qui lui est propre : il a une queue très longue et des mains d'une grosseur disproportionnée. Ce singe pousse de grands cris presque humains ; il ne marche pas, il saute en bonds prodigieux.

Une race particulière d'écureuils et de hérissons. La civette, le blaireau, le chat sauvage, des rats, la belette rouge-brun, le caméléon.

Le léopard, le chacal, une espèce de loup, etc.

Les reptiles y sont en une grande variété, il n'y en a pas moins de

---

(1) On a retrouvé des fossiles d'un oiseau monstre, c'est probablement de lui qu'il s'agit, mais rien ne justifie qu'il fût de taille à enlever un éléphant dans ses serres et surtout à le dévorer.

MADAGASCAR

vingt-cinq espèces ; ils ne sont pas dangereux. Par contre, le serpent boa genre *devin* y atteint la grosseur du boa de l'Amérique du Sud : dix à quinze mètres de longueur et la grosseur du corps de l'homme. Des scorpions, des fourmis à miel, des mouches vertes et des abeilles. Des araignées dont les morsures tuent. Des crocodiles effrayants et très dangereux qui infestent des lacs, des marais, même des cours d'eau, et une foule de petits animaux communs à la faune des pays chauds.

L'hippopotame hideux avec sa grosse tête coupée en deux par une immense bouche garnie de dents canines, traîne sa masse brune, grasse, huileuse, au bord des marécages où il engloutit des quantités considérables d'herbes, de riz et même de roseaux.

Une race de sangliers étranges, munis de deux cornes au-dessous des yeux.

Le zébu dont le garrot est garni d'une bosse de graisse.

Le bœuf présente trois espèces : l'une qui possède les deux cornes comme le bœuf en général ; l'autre dont les cornes retombent pendantes de chaque côté de la tête, comme si elles avaient été brisées, et la troisième avec une unique corne au milieu du front, très courte, mais qui est, pour l'animal, une arme terrible avec laquelle il attaque et se défend.

La race chevaline n'est pas belle et comme dégénérée.

L'âne sauvage, avec des oreilles très longues, y est fort.

Le mouton présente encore une particularité : sa robe, au lieu d'être en laine, est en crin dans le genre du poil de la chèvre ; il a une queue qui pèse jusqu'à quatorze et quinze livres.

La vache laitière, la chèvre et tous les animaux de basse-cour : canards, oies, dindes, pintades, poules, etc., dont la race est de beaucoup supérieure à celle de l'Europe.

Les richesses géologiques de Madagascar sont très grandes, mais peu ou pas connues.

On doit regretter qu'aucune exploration scientifique ne les ait fait connaître. C'eût été une nouvelle cause de colonisation et le protectorat n'aurait eu qu'à y gagner.

Le sol renferme des gisements miniers dont l'importance donnerait probablement des résultats considérables, s'ils étaient mis en exploitation.

Vers la pointe Nord-Ouest, par exemple, le terrain est carboniféré ; on y trouverait certainement de la houille en abondance. D'autres terrains carbonifères existent de même sur d'autres points.

Il y a aussi des minerais de fer, de plomb, d'étain, de cuivre ; des gisements d'or et d'argent qui demeurent inexploités.

Le gouvernement hova qui n'ignore pas quels sont les trésors renfermés dans la terre de Madagascar, essaie de faire exploiter à son profit quelques mines. Mais les conditions dans lesquelles s'effectuent ces travaux, en cachette, avec des outils imparfaits et comme au hasard de la pioche, ne peuvent donner les rendements que procurerait une entreprise sérieuse, bien dirigée. Il y a aussi des pierres précieuses avec lesquelles les naturels font des ornements, telles que topazes, grenats, amétistes ; de l'ambre gris et des sables aurifères dans l'Ikopa. Voire même de la terre de savon.

Mais, pour découvrir ces trésors dont l'existence n'est révélée que par de nombreuses trouvailles, il faut les rechercher et pour cela une exploration scientifique est indispensable.

Les principales productions du pays qui donnent lieu aux transactions commerciales sont : les bois, les peaux, le caoutchouc, la cochenille, la résine, le riz, le maïs, le manioc, la canne à sucre, le cacao, le café, la patate, l'igname, l'arachide, l'embrevade, le saonio, le taro, le thé, le coton. Tous les légumes de nos jardins potagers, de même tous les fruits.

On fabrique aussi des étoffes de soie et de coton, des objets en filigrane.

Nous verrons plus loin, quand nous parlerons de l'industrie du pays et de son commerce, quels sont les produits de cette industrie et les objets qui donnent lieu aux transactions d'importation et d'exportation

Chaque chose a son intérêt ici, et quelque rapide que soit notre étude, nous espérons qu'elle fera connaître Madagascar d'une façon assez complète.

CHAPITRE III

Provinces, Peuplades

MADAGASCAR est divisé en provinces dans chacune desquelles résident des peuplades différentes. La race, la couleur, et surtout les mœurs, constituent des tribus, des groupes ou même des familles, indépendants les uns des autres.

Les provinces n'ont pas toutes de délimitations régulières, elles comprennent des parties soumises et des parties insoumises. Les premières sont celles qui ont été conquises par les Hovas, sur lesquelles ce peuple exerce sa domination ; elles sont placées au centre et sur la côte Est, divisées en districts et assez parfaitement limitées.

Les autres ont échappé à la conquête; elles conservent leur indépendance. Leurs limites sont purement imaginaires, subordonnées à l'importance de la peuplade ou de la garnison qui occupe une partie plus ou moins grande du territoire. Comme les tribus sont souvent en guerre entr'elles, les lignes de divisions varient suivant les chances de succès des uns et de l'insuccès des autres.

En réalité, il n'y a guère que le territoire compris dans le royaume Hova, que l'on puisse considérer comme à peu près classé.

Nous allons établir les divisions de ces provinces d'après des documents récents; nous ferons en même temps une revue des peuplades qui les habitent.

D'après certains auteurs anciens et quelques auteurs modernes, Madagascar n'avait pas toujours été habité. Ce serait vers le dernier ou l'avant-dernier siècle avant l'ère chrétienne que des tribus nomades, venues de la Mecque ou des Indes, quelques-uns disent de la Chine, se seraient établies dans l'île et y auraient été l'origine des générations dont nous retrouvons le type aujourd'hui.

On peut accorder crédit à ces dernières assertions, car on constate, dans les mœurs et les coutumes de certaines tribus malgaches, des pratiques communes dans les Indes et à la religion de Moïse.

Mais cela peut-il justifier que l'île aurait été inhabitée avant l'arrivée de ces peuplades?

Nous ne le pensons pas.

Aucun fait historique ne vient à l'appui de cette supposition ; on la base surtout sur l'absence d'instruments de pierre et d'armes en usage chez les peuples primitifs. Or, il existe actuellement, à Madagascar, des tribus ou simplement des familles qui possèdent quelques instruments et surtout des ustensiles de pierre et des armes telles que frondes, sarbacanes, bâtons emmanchés dans des morceaux de pierre.

La supposition semblerait aussi contredite par la présence d'êtres dont on ne peut établir l'origine.

Certaines tribus prétendent descendre des musulmans ; le type arabe y est bien, quoiqu'abâtardi, mais les Arabes qui vinrent pour la première fois, vers le cinquième siècle, trouvèrent un peuple ayant une civilisation particulière, qui, sans avoir précisément une religion, pratiquait le jeûne et la circoncision.

Cependant, la période de l'hégire n'a exercé sur ce peuple aucune influence ; il faudrait donc rechercher plus avant dans les nébuleux d'un passé duquel on ne retrouve nulle trace.

Il est certain que tous les peuples qui vivent à Madagascar n'y ont pas tous leur origine. Les blancs, les rouges et les noirs ne sont évidemment pas de la même famille, la genèse pourrait se rechercher dans la mer des Indes, en Australie, en Afrique. Des caravanes arrivant ainsi du Nord, de l'Est, de l'Ouest, ont parfaitement pu s'établir sur ces différents points d'orientation de l'île et y créer une souche.

Il n'est point possible toutefois de savoir précisément par où et comment ces caravanes sont venues. Ce n'est qu'en rencontrant ces mêmes types ailleurs qu'il a pu être permis de supposer que la race n'est pas originaire de Madagascar ; mais cela ne prouverait encore pas que les caravanes ont trouvé l'île inhabitée. Le contraire semblerait ressortir des considérations suivantes : Il existait, vers le centre de l'île, dans le pays des Bara, une race particulière d'hommes dont on ne revoit nulle part des ressemblances : Pygmées, noirs, à grosse tête crépue, cannibales qui se mangeaient entr'eux, vivant absolument d'instinct comme les bêtes et troglodytes. D'où viennent-ils, ceux-là ? Serait-ce les fameux mythes que les anciens et les conteurs arabes faisaient vivre près les sources du Nil ? Ou serait-ce, plus vraisemblablement, les restes de la race qui vivait dans l'île depuis que cette dernière existe et que de nouveaux venus ont anéantie ?

Cette dernière hypothèse parait fondée. Dans l'archipel des Canaries, qui nous a déjà servi à faire une comparaison, il n'existe que des indigènes d'origine espagnole. Est-ce à dire que l'archipel était inhabité avant que les Espagnols y vinssent? Non; avant les Espagnols, il y avait aux Canaries une race d'hommes qui y étaient originaires, les Guanches, dont il ne reste plus un seul descendant aujourd'hui. La race a été complètement détruite avec tout, absolument tout, ce qu'elle possédait, et si on connaît son existence, c'est parce que les événements, cause de son anéantissement, se sont produits à une époque dont le souvenir a pu être conservé.

Or, les naturels de Madagascar ont pu être détruits, comme les Guanches, mais à une époque préhistorique tellement éloignée que le souvenir n'a pu en arriver jusqu'à notre ère.

Si nous envisageons la tradition, nous retrouvons encore, par elle, quelques lueurs qui contredisent la non habitation de l'île à une époque quelconque.

Les derniers pygmées du pays de Bara avaient une légende que la tradition a conservée et qui dit comment Madagascar fut peuplé après la création.

D'après cette légende, quand l'île fut créée, une femme, qui vivait au fond de la mer dans l'Océan Indien, vint mettre au monde, sur la plage, un enfant que les pygmées reconnaissaient comme le premier d'entre eux et l'auteur de leurs jours. D'où vient l'histoire de cette femme marine? Ne serait-ce pas Eve, à laquelle on donne une autre figure? La tradition dit encore que le premier homme de Madagascar était un esprit vivant dans la lune d'où il avait été chassé par l'Esprit supérieur pour cause d'impureté matérielle; cet esprit, en touchant la terre, aurait eu deux enfants sortis de son mollet.

Ne serait-ce pas Adam et encore Caïn et Abel?

Il est probable que ces légendes ont été trouvées à Madagascar par les premiers qui y sont venus et n'y ont pas été importées. Si cela est, l'île n'a jamais été inhabitée.

S'il est vrai que Madagascar n'est qu'une fraction d'un continent autrefois disparu, nous supposons volontiers que les pygmées du pays de Bara sont les derniers habitants qui ont eu le temps de se réfugier sur la terre insubmergée.

Enfin, les renseignements historiques qui nous apprennent que les Arabes sont venus s'établir à Madagascar vers l'an 600, nous font aussi connaitre qu'ils se sont heurtés à une civilisation particulière dont l'antériorité n'a jamais pu être déterminée.

Si donc les Arabes ont trouvé au sixième siècle des mœurs inconnues qui paraissaient fort anciennes; s'il est impossible d'établir l'origine des premiers immigrants, la date, même approximative, de leur arrivée dans l'île, ni le chemin qu'ils ont pu suivre; si l'on retrouve les traces d'une race (les pygmées) dont il n'y a le type nulle part ailleurs, il est permis de dire que la supposition tendant à faire croire que l'île n'a pas toujours été habitée est au moins erronée.

Les tribus les plus nombreuses habitant Madagascar sont formées par des peuplades qui ont le teint noirâtre, basané et portent des cheveux plats comme en ont les Indiens.

Il y a, en outre, les nègres qui sont de races différentes; les uns ont un type parfait de couleur, de physionomie et d'anatomie; ils ont les cheveux crépus, mais non laineux. Les autres, au contraire, avec leur tête laineuse, grêles, diffèrent absolument.

Puis les bruns, qui se disent blancs, et sont issus pour la plupart de croisements arabes et indous.

Le premier peuple de Madagascar est celui contre lequel la France dirige actuellement son expédition : les Hovas.

Les Hovas ne composaient, comme les autres peuplades, qu'une simple tribu. Nous verrons plus loin, dans la partie politico-historique, comment cette tribu est devenue la maîtresse d'une grande partie du territoire de l'île sur laquelle elle exerce sa prépondérance sous notre protectorat.

Ce peuple est le plus avancé dans la civilisation ; il a, à l'instigation des missionnaires, embrassé le christianisme. Toutefois, la religion n'est pas encore parvenue à lui faire abandonner ses croyances superstitieuses ; ses mœurs, si elles sont modifiées, ne sont pas complètement changées.

Les Hovas ont un caractère incertain ; dissimulateurs et menteurs, on ne doit pas, sous peine de déception, accepter ce qu'ils disent sans contrôle et encore combien insuffisante est cette précaution.

Courtisans jusqu'à la bassesse sans en être le moins du monde humiliés, parce que ce sentiment est dans leur nature d'esclave, il n'est point de moyens devant lesquels ils reculeraient pour tromper celui qu'ils veulent vaincre ou exploiter : persuasions hypocrites, promesses mensongères, louanges, serments solennels, tout est employé pour atteindre le but.

Le campagnard hova, qui vit loin des centres, est peut-être moins pervers, mais il ne faudrait pas trop s'y fier. Apre au gain, il a le mensonge complaisant pour la réalisation d'un bénéfice. Travailleur, assez attaché à la famille et à la terre qu'il cultive, un peu craintif, il est d'un commerce assez facile, sinon bien agréable.

Ce peuple habite la région centrale de l'Est, sur le plateau.

Les Antavares ou Ant'ankarana, habitent la région du Nord-Est depuis Ansirané, près Diego-Suarez, à l'extrême Nord, jusqu'au cap Masoala. Noirs, avec des cheveux crépus et laineux, des lèvres énormes, la peau luisante, ils ressemblent aux Caffres à la famille desquels ils doivent appartenir. On les désigne aussi sous les noms de gens du Nord, peuple du commerce et tribu du Roc.

En descendant vers le Sud, sur la côte Est, viennent les Betinisaras ou peuples unis. Les Betsimisarako, ou Bétanimènes, ou hommes de la terre rouge, forment un groupe de petites tribus les plus industrieuses du pays, entre Foulepointe, Tamatave et Andovorante, chef-lieu de Betsimisarako, Natomandry, Tananarive.

Les Hovas sont, sur le plateau, séparés de la province de Betsimiserako par des montagnes magnifiquement boisées.

Les Ant'Ankai, ou hommes des défrichements, habitent le pays qui s'étend, en belles vallées, au milieu de ces montagnes.

Les Betsiléo, ou les invincibles, sont également enclavés dans des vallées très fertiles.

Les Ant'Aimorona ou Maures, ainsi nommés parce qu'ils prétendent descendre des Arabes de la Mecque, ont pour chef-lieu de la province Nomorona, au bord de la mer.

Les Antanala ou tribus libres ont comme cités principales Amouabé et Marotoétra.

Les Antanosy ou Antanoses habitent le pays des Carcanosis situé à l'extrémité Sud-Est. Le chef lieu de la province est la ville de Fort-Dauphin, la cité où furent établis les premiers comptoirs français.

Les Carcanosis, aussi nommés hommes des îles, ont eu comme chefs Ramalifois Roava et le chef des montagnards qui ont opposé une terrible résistance aux Hovas ; ils ont perdu leur indépendance à la mort de leur roi Rabi-Fagnan.

Les Antaïsaka ou Pêcheurs à la main, sur la côte.

Les Antandroy, occupent l'extrémité Sud jusqu'au cap Sainte-Marie. Andrakola est le chef-lieu de la province.

Les Antandroy sont un peuple grossier, barbare, vivant absolument isolé.

Le pays des Mahafaly est situé sur la côte Sud-Ouest.

A la suite, en remontant, se succèdent les Caramboules et les Ampatris. Ces contrées sont riches en forêts et en pâturages, le sol y est très fertile, mais à peine cultivé.

Près la baie de Saint-Augustin, toujours sur la côte Sud-Ouest, habitent, dans le pays des Féhérénana, les tribus les plus paisibles ; le sol n'y est pas fertile.

A l'intérieur du versant Ouest se trouve le pays des Bara où vivent les nègres pygmées et les Antaysatroïha, sortes d'anthropophages qui se mangent entre eux comme les horribles pygmées.

Les Antaysatroïla ont la coutume de manger leurs vieillards. Quand un homme a atteint l'âge *d'être mangé*, à l'heure désignée, il se suspend par les bras à un arbre autour duquel la tribu réunie, chante et danse ; il reste dans cette situation tant que ses forces le lui permettent. Lorsque épuisé il se laisse choir sur le sol, on se précipite sur lui et en peu de temps le corps est dépécé, grillé ou mangé cru.

Bara signifie barbare. Les tribus qui habitent cette contrée ont conservé leur indépendance.

Le pays des Séclaves ou Sekalaves s'étend au centre ; c'était le plus important de l'île. Avant la conquête par les Hovas, les Sekalaves étaient les maîtres. La population de cette contrée a le type africain. Cette particularité est le résultat de l'importation d'esclaves du conti-

RAINILAIARIVONI, premier ministre malgache

nent noir faite au seizième siècle dans cette province qui en était le dépôt.

Les Antimena, les Menabe, les Ambongo, les Boina dont la capitale est Majunga, complètent la série des populations connues.

De nombreuses tribus vivent à l'intérieur appartenant au gouvernement des Hovas; les Ant' Abani ou hommes des bambous, les Ant' Sianaka, les Ant' Ratsayes, les Bezouzonus, les Ant' Acayes et d'autres tribus indépendantes.

Toutes ces peuplades sont ennemies; les différences de race et les haines entretenues à travers les siècles sont un sujet de guerres continuelles.

Les colonisateurs, loin de calmer les indigènes, se sont plu à les exciter les uns contre les autres; ils profitaient même de ces divisions en prenant part pour tel parti qui semblait devoir leur faciliter leur établissement; ils ont ainsi créé les difficultés multiples pour la colonisation.

Les Hovas possèdent Betsirisaraka, Antaïmouri, Antaraï, Boéni où ils occupent les six postes suivants : Mourounsaga, Majunga, Anfiahougha, Mahabou, Tabanzy, Bezeva et encore Amboungou.

A Manabé, ils occupent les postes de Tamboahouanou, Courah, Byhlikanatsi, Mavoulazou, Mamita, Ankovo, Iméria, Betsilo.

La particularité dominante dans les mœurs des Malgaches, toujours quelque peu sauvages, est la superstition. Dans les provinces soumises, il existe cependant une nuance de civilisation qui, à Tananarive, capitale du royaume, va en se développant. Les Hovas, sous l'influence européenne, sont les plus avancés. Ils copient les Européens dont ils ont en partie adopté le vêtement et même les demeures et certains usages.

Ces progrès, quoique peu avancés encore, ont déjà rendu d'immenses services aux indigènes, en facilitant, surtout, leurs relations avec les autres peuples. On les doit au prestige du christianisme introduit par les missionnaires. On est cependant fondé à s'étonner que la civilisation faite par le christianisme n'ait pas, depuis qu'elle est pratiquée à Madagascar, donné de meilleurs résultats.

A quoi cela tient-il ?

Malheureusement, le christianisme est représenté là-bas par plusieurs églises : le catholicisme et différents cultes protestants, de là des divisions dont nous expliquons la cause.

Les missionnaires catholiques ont agi en apôtres du Christ, ils ont cherché à conquérir les âmes par les sublimes paroles que les séraphins ailés, dans l'azur étoilé d'une nuit décembrielle, ont dit au monde émerveillé : *Paix aux hommes de bonne volonté*. Ils ont parlé de Dieu, de son amour ; ils ont parlé de la France, berceau de la civilisation, de la fraternité, de la liberté. Ils auraient dû faire les conversions les plus nombreuses, mais ils n'étaient pas nombreux et surtout pas soutenus. Les résultats qu'ils ont obtenus n'en sont pas moins importants ; si l'on apprécie leur isolement, ces résultats paraissent alors considérables.

Les missionnaires protestants, au contraire, ont été spécialement envoyés par l'Angleterre, payés et soutenus par leur gouvernement. La religion n'a été pour eux que le prétexte ; ils se sont attachés, surtout, à faire de la politique, à parler de l'Angleterre et de son argent. Le chauvinisme l'emportant sur la foi, ils n'ont pas hésité devant des moyens peu compatibles avec l'esprit de l'apôtre pour atteindre leur but. L'argent et les promesses devaient faire plus que la parole de Dieu. La lutte entre missionnaires catholiques et missionnaires protestants était non seulement inégale, mais surtout singulière dans les procédés de ces derniers.

Les pasteurs protestants, secondés par leurs nationaux que l'on rencontrait toujours et que l'on rencontre encore dans l'entourage du chef du royaume, ont pu faire adopter la religion protestante comme religion de l'État. La reine a été saluée par eux comme le *chef des croyants du royaume !*

Nous n'envisagerons pas quels ont été tous les moyens mis en œuvre pour atteindre ce but, nous bornant à le constater avec tristesse. a fallu que les concessions aient été poussées bien au delà des limites licencieuses, car s'il est vrai que cette religion a été adoptée comme officielle, il est vrai aussi que les principes n'en sont que très superficiellement connus.

Etranges, ces pasteurs qui s'en vont munis d'un sac de bibles et d'un sac d'écus, vendant celles-ci, donnant ceux-là. On les trouve partout où la place a été préparée, ils n'explorent pas, ils suivent toujours ; ils ne sèment pas, ils arrivent pour la récolte ; ils ne convertissent pas les âmes, ils s'emparent des hommes.

Nous les reverrons au cours de ce récit, se souciant fort peu de faire un chrétien, mais se souciant beaucoup de faire un Anglais... un esclave.

CHAPITRE IV

La Royauté malgache, l'Enseignement

Sous l'impulsion civilisatrice, la langue hova qui n'était qu'un idiome conventionnel sans règle, est devenue une langue quasi-littéraire. On l'emploie maintenant avec des tournures de phrases empruntées aux Européens. Les mots et les expressions sont observés et employés, dans les conversations, avec une certaine correction.

A Tananarive, les courtisans s'exercent à faire de la littérature, à comprendre les grands auteurs ; ils étudient même les sciences. La reine qui préside au mouvement littéraire a fondé une académie.

De nombreuses écoles ont été créées ; l'instruction est obligatoire. Une loi impose aux parents, aussitôt que leurs enfants ont atteint l'âge de pouvoir apprendre, de choisir une école et de les y placer.

Lorsque l'enfant est entré à l'école, il est interdit de l'en retirer avant qu'il ait acquis une instruction qui d'ailleurs est assez sommaire.

L'enseignement comprend la langue malgache et les langues française et anglaise et des études primaires très rapides.

Quelques ouvrages d'enseignement ont été traduits en malgache et sont en usage dans les écoles. On a de même traduit des ouvrages de littérature et de science.

Des journaux et des revues sont publiés à Tananarive, mais ils sont peu répandus. En dehors de la capitale où tout est concentré, on ne les voit pas ; les difficultés de communication d'une part, et l'indifférence comme l'ignorance des indigènes de l'autre, n'en permettent pas la propagation.

Il existe actuellement à Madagascar près de douze cents écoles distribuées dans les provinces soumises. Ces écoles sont fréquentées par deux cent mille élèves environ.

C'est peu si l'on envisage le nombre d'enfants qu'il y a dans le pays, mais c'est déjà beaucoup si l'on considère combien ce peuple, encore à demi-sauvage, est rebelle à tout ce qui contrarie ses mœurs et ses coutumes.

Sur ces douze cents écoles, les pasteurs de Londres en ont fondé plus de huit cents ; ils instruisent les deux tiers des enfants qui les fréquentent. Les catholiques viennent ensuite, avec quelques nations, pour diriger trois cent cinquante ou quatre cents écoles fréquentées par soixante-dix à soixante-quinze mille élèves.

Ces mêmes pasteurs protestants possèdent encore près de treize cents églises et ont réussi à faire quatre cent mille adeptes de leur religion. Ils ont, en outre, fait des élèves missionnaires parmi les indigènes.

Actuellement plus de cinq mille prédicateurs hovas parcourent l'île sous la direction des pasteurs et cathéchisent les tribus avec un succès relatif.

Les catholiques ont converti à peine cent cinquante mille sujets. Là encore la différence est énorme.

Il n'est point étonnant, avec cette supériorité que les Anglais ont acquise par leurs pasteurs, de les voir partout sur notre chemin à Madagascar ; de les voir surtout dans l'entourage des gouvernants où ils jouent les rôles de conseillers politiques, d'instructeurs militaires et à l'occasion de pourvoyeurs d'armes. Leur influence a pu ainsi s'exercer dans tous les événements qui se sont produits avant et durant le cours de notre protectorat. Actuellement, ce serait le pire des aveuglements de les considérer comme étrangers aux compétitions qui viennent de surgir.

Les pasteurs ont obtenu du gouvernement la création d'une contribution dite impôt de l'église. Cet impôt se paie soit en nature, espèces, bœufs, riz ou autres produits, soit en travail ; dans ce dernier cas, les contribuables sont tenus de concourir à la construction des édifices destinés au culte. L'obligation d'assister aux prêches est imposée ; ceux qui ne se conforment pas à cette obligation sont passibles de châtiments. Les habitants sont aussi tenus, sous peine de corrections, de se convertir. C'est bien singulièrement professer le respect des consciences, mais les missionnaires de Londres n'y regardent pas d'aussi près. On peut toutefois juger combien les conversions doivent être sincères.

Les peuples du royaume malgache sont soumis à un gouvernement oligarchique fait de despotisme et d'arbitraire, dont le chef représentatif est en ce moment la reine. Il existe bien une sorte de conseil de gouvernement, mais ce conseil n'a le droit de rien conseiller, il est tenu seulement d'approuver, sans discussion ni remarques, les décisions du maître. L'État se compose de la reine, du premier ministre, son mari, qui s'est emparé du pouvoir, et de courtisans qui jouent les rôles des ministres, de conseillers, de membres du parlement, qui ne doivent avoir ni volonté ni autorité. Ce sont autant de valets passifs et obéissants, de simples figurants.

Le souverain est l'autocrate, le maître absolu du royaume. Rien n'est au-dessus de lui, il fait ce qu'il lui plaît sans contrôle. Le peuple est son bien, sa chose, il en dispose à son gré, selon ses besoins ou ses caprices. Il a droit de vie et de mort. Hommes, fortunes, propriétés, tout lui appartient, il en use et en abuse. Sa personne est sacrée. On doit l'admirer dans ses actes quels qu'ils soient. Son nom, son portrait, les objets qu'il touche, les habits qu'il porte, doivent être également vénérés. Il se place tellement au-dessus de ses sujets pour se rapprocher de la divinité, que l'on ne doit pas lui parler le langage ordinaire qu'il est sensé ne pas comprendre et comme indigne de lui ; il n'entend que des expressions choisies qui lui sont particulières et dont l'usage est interdit ailleurs.

En un mot, le prestige du maître est tellement considérable, qu'il est regardé comme d'essence spirituelle, n'ayant dans la nature rien de commun avec les autres hommes.

Il n'inspire pas seulement l'admiration, mais aussi un sentiment de terreur entretenu par des rigueurs excessives. Esprit peu cultivé et superstitieux, ce maître terrible n'a de la justice que des notions très vagues. Le caprice l'emporte toujours sur la raison, et dans sa toute-puissance il ne se lasse pas d'être cruel et barbare. Quoi qu'il dise, quoi qu'il fasse, quelque arbitraires que puissent être ses actes et ses ordres, malheur à celui qui ose ne pas approuver, ne pas obéir. On doit tout accepter sans murmurer. Les victimes des plus révoltantes injustices doivent non seulement remercier, mais encore exprimer leur reconnaissance, ou sinon le châtiment immédiat les punit de leur rebellion.

Il n'y a pas très longtemps encore, le condamné à mort était tenu d'exprimer sa gratitude au moment suprême. Quand ce condamné n'était pas un homme du peuple, il était convié à un banquet auquel prenaient part les notabilités et ses amis. Il devait, durant le repas, se montrer très gai, manger comme tout le monde. A la fin, on lui présentait une coupe remplie d'un breuvage empoisonné, il devait la boire en faisant l'éloge du souverain et en exprimant sa reconnaissance !

On a peine à croire que les choses pouvaient se passer ainsi qu'elles étaient ordonnées, mais les préjugés étaient tels, et ils ont encore cette force, que les condamnés suivaient docilement les prescriptions de leur supplice. Quand on le leur ordonnait, ils se jetaient, sans hésitation, en pâture aux crocodiles, s'ensevelissaient dans la vase des marais ou s'empalaient.

Les troupes ne doivent rien faire sans avoir préalablement rendu les honneurs au souverain ; où qu'elles soient, elles se tournent dans la direction de la capitale et saluent. Depuis que les Hovas connaissent des prières, ils sont obligatoirement tenus de les réciter en l'honneur de la reine sous peine d'être déclarés rebelles, et ils le font. Nous n'affirmerons pas qu'ils y mettent beaucoup de conviction. En général, ils ne croient guère à l'efficacité de la prière qui ne s'adresse qu'à Dieu, ils l'estiment bien au-dessous des sacrifices de bêtes offertes à Dieu ou Esprit supérieur, au diable et aux bons et aux mauvais esprits.

Le peuple surtout est soumis aux violences de l'autorité souveraine sous le joug de laquelle il courbe humblement la tête. Les nobles ou, aujourd'hui, les hommes à honneurs, sont moins maltraités, mais ils sont peut-être plus esclaves. Astreints à de nombreuses obligations, ils n'ont pas le droit d'agir sans une autorisation préalable; leur vie et leurs actes sont scrupuleusement surveillés. Ils doivent résider dans la capitale d'où il leur est interdit de sortir; s'ils veulent s'absenter, ils en demandent la permission qui ne leur est accordée que si l'absence peut être utile au souverain.

La noblesse n'est plus maintenant ce qu'elle était autrefois, elle est remplacée par les honneurs civils et militaires dont la hiérarchie est établie par degrés, de un à seize. Le premier degré est accordé au simple soldat ou au petit employé, et progressivement, suivant le grade ou l'emploi, jusqu'au seizième qui est la plus haute dignité.

L'accès auprès du souverain, pour les indigènes, est extrêmement difficile; il est impossible pour ceux qui ne possèdent pas une des dignités supérieures au cinquième degré. La présentation comporte de nombreuses formalités et des précautions plus nombreuses encore par crainte d'un attentat.

L'étiquette exige que ceux qui se présentent au souverain lui fassent un don en espèces avant tout. L'importance du don varie suivant la fortune ou le rang de celui qui l'offre, depuis un morceau d'une pièce de cinq francs française, jusqu'à à la pièce entière et la pièce d'or. Autrefois, on offrait de la volaille, du riz, des bœufs ou des objets divers.

Lorsque le souverain est une reine, le premier ministre, qui s'empare absolument du pouvoir, est généralement son mari. C'est ce qui existe actuellement; la reine n'est plus que la servante de son premier ministre et celui-ci sait, à l'occasion, paraît-il, faire valoir rigoureusement ses droits de mari pour le respect de sa volonté. La reine devient ainsi la première esclave et non la moins maltraitée de son royaume.

Le premier ministre est omnipotent, il forme un cabinet dont il choisit lui-même les membres qu'il nomme ou révoque, selon son bon caprice. Les ministres n'ont, en réalité, aucune autorité ; ce sont des courtisans très humbles, des serviteurs très passifs, inconscients, des volontés de leur président du conseil.

Quand le conseil des ministres se réunit sous la présidence de la reine pour délibérer sur les choses de l'État, c'est le premier ministre qui parle, propose et dispose en même temps ; les membres du cabinet écoutent et approuvent sans jamais se permettre de faire une remarque quelconque. Comment oseraient-ils parler autrement que pour approuver, leur situation et leur liberté en dépendent.

Il n'est pas non plus permis aux membres du parlement de jouer un rôle plus actif.

Il en est de même quand les chefs de provinces ou chefs de tribus se réunissent pour prendre part aux délibérations du gouvernement. Le premier ministre a combiné d'avance ce qui lui plaît, il expose ses décisions dans un long discours où les interruptions ne sont pas à craindre, et pour cause ; quand il croit avoir assez dit, il demande à l'assemblée si c'est bien ainsi que l'on doit agir. La question est au moins superflue, mais elle sauvegarde les apparences. L'assemblée répond invariablement que tout est parfait ainsi et se retire. Celui qui s'aviserait de ne pas trouver que *tout est parfait* aurait à s'en repentir sur l'heure.

Les produits provenant de la dime, des droits de douane et de la capitation sont exclusivement la propriété de la reine ; ces ressources alimentent sa caisse personnelle et elle n'en rend compte à personne. S'il lui plait même de les augmenter par des spoliations, ce qu'elle fait souvent, nul ne s'y oppose.

L'État malgache a dû emprunter une somme de quinze millions pour payer les indemnités exigées par la France ; cette somme lui a été prêtée par le Comptoir d'Escompte français. Le remboursement s'effectue au moyen de la perception de taxes faites, par cette Société financière, dans quelques ports de commerce du royaume.

Jusqu'à ce jour ce service n'a pas été gêné ; il constitue une des rares charges du royaume.

Les droits d'entrée frappent tous les produits quelconques importés ou exportés. Ces droits varient entre six, huit et dix pour cent ; ils sont quelquefois plus élevés selon la nature des objets. La perception s'opère par l'intermédiaire d'un service de douane établi sur les points les plus importants du littoral, à Fort-Dauphin, Tamatave, Andovorante, Foulpointe, Fénérive, Majunga et quelques autres ports.

Les objets destinés à l'enseignement et à l'usage des écoles, tels que livres, papeteries et tous articles d'écoliers, entrent en franchise.

Il ne faut cependant pas supposer que le service des diverses perceptions, par la douane ou autrement, soit fait régulièrement comme dans les pays européens. L'arbitraire, le privilège, la concussion sont choses très ordinaires dans l'administration où les fonctionnaires doivent beaucoup compter sur eux pour vivre.

Le royaume des Hovas possède une armée, dite régulière, dont l'effectif, d'ailleurs variable, n'est pas précisément connu. Le gouvernement déclare pompeusement que son armée est composée de cent mille hommes. On est fondé à croire que ce chiffre est singulièrement exagéré.

Si, à cette prétendue armée de cent mille hommes, on en accorde quarante mille, on sera certainement encore fort au-dessus de la vérité de quelques milliers.

Et quelle armée, quels soldats : dépenaillés, mal vêtus, mal organisés, miséreux ; dirigés en grande partie par des étrangers qui les maltraitent et les considèrent comme des esclaves. Ces soldats ne manquent pas de courage, mais il faut que la cause pour laquelle ils combattent leur plaise et leur procure un profit personnel ; dans le cas contraire, ils désertent volontiers pour passer dans le camp ennemi.

Les lois militaires sont d'un rigorisme excessif et quelque peu barbare.

Le recrutement se fait, comme en Europe, par voie de conscription. La durée du service à faire est de cinq années.

C'est surtout à l'armée que les nobles cherchent à reconquérir le prestige qu'ils ont perdu au profit des « honneurs. » Des familles riches envoient leurs enfants en Europe pour qu'ils y fassent leur instruction militaire, dans ce but.

La France a eu, dans ses écoles, quelques jeunes Hovas ; l'Angleterre de même.

Lorsque ces jeunes gens retournent dans leur pays, ils gagnent rapidement le grade ou l'honneur rendant à leur personnalité le prestige que leur noblesse ne leur donne plus.

Les employés de l'État ne sont pas précisément à sa charge. Par une organisation spéciale, ce dernier se trouve dispensé de leur payer un traitement.

Selon l'importance de la charge qu'il occupe, l'employé reçoit un fief dont le revenu constitue son traitement. Ce fief n'est que viager, c'est-à-dire qu'il ne vaut, pour celui qui en est le titulaire, qu'autant qu'il occupe l'emploi auquel il est affecté. C'est cette sorte de féodalité créée en faveur des fonctionnaires de tous ordres qui a porté atteinte à l'autorité des seigneurs suzerains, les voadsiris, et à celle des seigneurs de villages, les lohavohits.

L'employé de l'État, en absorbant les bénéfices du fief, exerce une autorité supérieure sur les hommes et les choses qui composent ce fief.

D'autres fonctionnaires, moins favorisés, n'ont pour tout traitement que les cadeaux dus à la générosité de leurs administrés.

On comprendra facilement à quelle série d'abus doit donner lieu une pareille organisation administrative.

Les juges sont rémunérés aussi par des fiefs ou par la générosité des justiciables. Aussi, on ne s'étonnera guère si la justice absout ou condamne selon que celui qui est devant elle donne plus ou moins à son juge.

Le scandale, en ces choses, n'a aucune importance pour les Malgaches.

Depuis quelques années, la justice a un code, et si elle se vend souvent, elle est relativement moins rigoureuse. Autrefois, pour des choses insignifiantes, le supplice était ordonné et les jugements qui dépendaient de la seule appréciation, plus ou moins juste, du juge, étaient sans appel.

Un homme était très bien condamné à mort sur une dénonciation, l'accusé n'étant pas admis à se justifier.

Le jugement, dit de Dieu, était fort en usage et employé dans toute sa barbarie.

Le nombre de victimes qu'il faisait est incalculable.

Vue de Tananarive

Quand le juge recourait à cette mesure, et il le faisait toujours par *acquit de conscience*, il ordonnait à l'accusé de boire un poison violent, ou bien il lui ordonnait de traverser à la nage un lac rempli de crocodiles, ou encore de demeurer assez longtemps dans de l'eau bouillante, ou lui imposait de subir d'autres épreuves de ce genre. S'il en sortait sans aucun mal, son innocence était reconnue.

Tous les malheureux auxquels on a appliqué le jugement de Dieu sont morts, et certes il ne pouvait en être autrement. Les juges, qui n'étaient autres que les ombiaffes ou sorciers, demeuraient convaincus de la culpabilité du prévenu et se félicitaient de leurs procédés dont ils n'appréciaient pas la barbarie.

Une particularité est à signaler dans les différentes applications de la peine de mort:

Les nobles ou les hauts fonctionnaires, condamnés à la peine capitale, devaient subir cette peine sans qu'il y ait effusion de sang : l'empoisonnement, la strangulation ou l'ensevelissement étaient les supplices qui leur étaient le plus ordinairement appliqués.

Les gens du peuple, au contraire, devaient recevoir la mort de telle façon que leur sang coule en abondance. Ils subissaient les peines de la décollation, de l'écartèlement, du pal, et de tous autres supplices dont l'horreur était fort souvent augmentée par un raffinement de tortures préalables.

CHAPITRE V

Mœurs et Coutumes

Les mœurs *des ancêtres* ont été à peu près généralement conservées. En dehors de la capitale et de quelques grands centres, et l'exception n'est que partielle, il y a peu de changement. Si, à Tananarive, on a adopté le costume et le logement européens, il n'en est pas du tout de même dans les provinces, chez la plus grande partie des peuplades.

Là, les naturels continuent à porter un vêtement des plus sommaires, quand ils en portent un. Ce vêtement consiste en un pagne, sorte de petit tablier, en toile ou en fibres de palmier tissées, carré qui va de la ceinture au-dessus des genoux. On donne quelquefois au pagne la forme d'un caleçon de bain en le passant entre les jambes pour en reporter l'extrémité à la taille où il est fixé au moyen d'une ceinture de corde. Dans certaines tribus, indépendamment du pagne, les indigènes portent encore un petit manteau de même étoffe; dans d'autres, ils sont complètement nus.

Les femmes ont le même costume que les hommes, excepté dans quelques contrées où elles portent une robe sans manche qui descend jusqu'aux genoux.

Si le costume est si peu considéré, en revanche, les ornements sont très recherchés et l'usage en est très répandu. Ils se composent de colliers et de bracelets. Les colliers ont jusqu'à douze ou quinze tours, ils sont fabriqués avec des pierres précieuses brutes, et des coquillages enfilés dans des ficelles. Les bracelets sont grossièrement faits en tous les métaux ; on en met aux pieds, aux jambes, aux poignets et aux bras. Les hommes et les femmes en portent également ; ils percent aussi leurs oreilles d'énormes trous dans lesquels ils introduisent de grands anneaux, des fragments de métaux, voire même des morceaux de bois (1). Ces ornements sont souvent très anciens. Ils proviennent de générations précédentes. Si, en dehors du métal qui souvent est de l'or ou de l'argent, ils n'ont aucune valeur artistique, ils ont quand même une véritable valeur d'originalité.

Indépendamment des ornements fabriqués dans le pays, il en existe une foule d'autres qui y ont été importés par les explorateurs et surtout par les traitants qui s'en servent pour faire des échanges contre de la marchandise.

---

(1) La façon de porter les ornements varie selon la tribu.

Tout ce que l'industrie parisienne fabrique en ce genre s'y trouve : les chaînes en laiton, les broches, boucles d'oreilles, bracelets, colliers, ceintures en métal, bagues, épingles ornées de morceaux de verre, bijouterie en faux corail et enfin les mille et un petits riens qui remplissent les vitrines des bazars du « tout à six sous » et sont de nature à réveiller les convoitises de ces êtres, dont la simplicité s'extasie devant le clinquant en quoi qu'il soit.

Le corail et l'or ont surtout le privilège de plaire plus que tout autre chose ; ils sont très en usage dans la « bonne société malgache ».

En 1885, après l'entente intervenue entre la France et le gouvernement Hova, le ministre des Affaires Étrangères, M. de Freycinet, voulut donner un souvenir à la reine, il commanda à un artiste joaillier parisien, M. Léon Ducreux, un diadème, un collier et des bracelets ; cette parure, en beau corail monté sur or mat, a provoqué à la cour d'Emyrne, une admiration générale. Il n'est pas par la suite un personnage de l'entourage royal qui ne voulut avoir son bijou en corail et en or mat. Bientôt tout le monde eut le même désir. Cet engouement fit importer à Madagascar des quantités considérables de bijoux en celluloïd, montés sur cuivre.

Les Malgaches ont un procédé de fabrication des objets en métal fort curieux : ils prennent des minerais qu'ils mettent simplement dans un brasier très ardent disposé entre quatre pierres. Quand la fusion s'est produite sous l'action du feu, ils recherchent le métal dans les cendres et le façonnent par des moyens qui leur sont particuliers.

Il paraît bien difficile de pouvoir extraire de cette façon le métal de la pierre, mais le fait est réel ; il prouve qu'il existe sur certains points du territoire des minerais dont la richesse est très grande.

Les indigènes de Madagascar, comme beaucoup de peuples des

pays d'outre-mer, répandent sur leurs corps une huile puante, avec laquelle ils en frictionnent vigoureusement toutes les parties. Cette mesure est, pour eux, essentiellement hygiénique, elle a pour but d'atténuer les effets brûlants du soleil. Elle constitue aussi une sorte de coquetterie, quelque malpropre que cela puisse nous paraître et que cela est en réalité.

Les Malgaches ne sont pas troglodytes, ils habitent des cases ou petites cabanes construites avec des branchages et des feuilles. Les lits, pas plus que les sièges et les ustensiles dont on se sert dans les pays civilisés, ne sont en usage chez eux. Ils couchent tout simplement par terre sur des nattes ou des feuilles répandues. Leurs assiettes, leurs verres et la plus grande partie des objets sont fabriqués avec des feuilles auxquelles ils donnent une forme concave ou les roulent en cornets. Des morceaux de bois amincis leur servent de couteaux.

En général, ces peuples croient en un Dieu, mais ils ne le considèrent pas comme nous. Pour eux, Dieu est un esprit supérieur, créateur du monde, maître de toutes choses, auteur de tout le bien. A côté de cet esprit supérieur, ils placent le diable aussi puissant que lui, son adversaire, grand dispensateur de toutes les calamités. Le diable est aussi un esprit supérieur; il y en a encore un troisième : le dieu des trésors, ou Dian Mananh, qui dispose de toutes les richesses du monde.

Ils croient, enfin, à une série d'esprits inférieurs, serviteurs des premiers, dont les uns sont bons et les autres mauvais.

Les bons génies dirigent les astres, les éléments et veillent à la conservation des hommes. Les mauvais, ministres du diable, secondent ce dernier dans tous ses méfaits ; ils exécutent sur la terre ses ordres infernaux, ils persécutent l'humanité et sont très exigeants.

Entre les bons et les mauvais génies, ils placent une catégorie intermédiaire dont quelques-uns sont matérialisés et vivent dans le monde.

Il y a en tout sept classes d'esprits bons ou mauvais, ayant chacun un nom particulier.

Les bons ou Malaingka sont désignés sous les noms de Ramichaïl, Ragibourail, Ramaïl et Rafil.

Les intermédiaires ou coucoulampous, matérialisés, habitent le fond des forêts ; ils ne sont visibles que pour ceux qu'ils protègent seulement.

Ce sont des âmes condamnées à vivre éternellement en cet état pour racheter les mauvaises actions dont elles se sont rendues coupables sur la terre. La croyance veut que ces âmes aient habité les corps des chefs de tribus ou des ombiaffes.

Les coucoulampous sont invulnérables, ils sont les gardiens des immenses trésors que Dian Mananh tient cachés dans les entrailles de la terre et ont comme compagnons des animaux, notamment des sangliers qu'ils marquent d'un signe distinctif.

Les Dzims sont les vulgaires esprits frappeurs, ils viennent dans les maisons qui leur ont été désignées, brisent tout ce qu'ils rencontrent, battent les habitants et les tuent quelquefois.

Les fantômes et les revenants ont des yeux de feu, ils habitent aussi les forêts et les plages désertes, ils incendient tout ce qu'ils regardent.

Saccare est un petit esprit malin, très espiègle, paraît-il, il prend la forme d'un feu-follet et s'introduit sournoisement par la bouche, par le nez ou par les oreilles dans le corps de celui qu'il veut tourmenter et il y demeure très longtemps. Quand ce diablotin s'est introduit dans le corps, il s'y livre à une danse effrénée ; le malheureux qui en est possédé ne peut plus tenir en place, il saute, se roule par terre, écume par la bouche, est secoué de violentes convulsions. Pour chasser Saccare, on entoure le malade, on danse, on se roule avec lui en criant, finalement on le bat à tour de bras et on fait un sacrifice. Ainsi les pauvres cataleptiques sont sensés être possédés par l'esprit malin ; on le traite comme nous venons de le dire.

Le dernier de ces êtres surnaturels, le plus méchant de tous, celui qui inspire la plus grande terreur, s'appelle Bilis.

Au milieu de tous ces esprits, les Malgaches ont fort à faire pour leur complaire ; aussi sont-ils constamment occupés à s'ingénier pour conserver la bienveillante protection des bons, et la faveur des mauvais.

Ils n'ont aucune prière, ils parlent aux esprits, leur proposent des marchés comme, par exemple, le sacrifice d'animaux pour obtenir leur protection ou encore leur colère contre des ennemis. Quand ils immolent des volailles, des bœufs ou autres animaux, ils donnent toujours la plus grosse part des victimes au diable et aux mauvais esprits, le restant est offert à Dieu. Ils estiment que le diable étant méchant, ils ne doivent pas susciter sa jalousie et ne jamais le négliger pour cela.

Tous les esprits habitent le ciel, qu'ils placent dans la lune et dans le soleil, où ils sont continuellement en guerre. Ces belles sottises, conséquence de l'ignorance dans laquelle vivent ces peuplades, sont encore entretenues par les ombiaffes chez lesquels la mauvaise foi et l'hypocrisie tiennent lieu de principes.

Les ombiaffes se prétendent prophètes, et par cela même en relation directe avec les esprits. A la faveur des superstitions populaires, ils ont acquis une influence considérable dont ils savent se servir à leur profit. Ils vendent fort cher, pour des volailles, des moutons, des chèvres, de bœufs et divers objets, de petits carrés de papier sur lesquels sont des inscriptions en caractères arabes. Les petits papiers sont considérés, par les croyants, comme des talismans ayant une foule de vertus, comme, par exemple, de chasser les mauvais esprits et de rendre les bons favorables. Les sorciers vendent encore des morceaux de bois, de pierre ou de métal sur lesquels sont gravés des signes cabalistiques.

Le possesseur de ces objets est censé le maître de son ennemi, il peut formuler contre lui les souhaits les plus extraordinaires, ils se réaliseront; s'ils ne se réalisent pas, ce qui arrive toujours, les sorciers expliquent que celui contre lequel on veut agir doit posséder des talismans préservateurs.

Les talismans sont confectionnés dans les endroits solitaires, souvent au haut des montagnes. Les sorciers prétendent que le moment propice, pour cela, est marqué par certaines évolutions de la lune, au milieu de la nuit.

Les ombiaffes se livrent à une foule de pratiques de sorcellerie, toujours en cachette, dont ils tirent parti. Ce sont eux qui ont établi les codes ou fadi dont l'esprit est aussi absurde que barbare. Ce code, sans aucun fond de moralité, n'est pas le même pour tous; chaque tribu a le sien établi selon le caprice de l'imagination plus ou moins extravagante de son sorcier, mais tous font des défenses, désignent des dates fatidiques, condamnent à mort et menacent de la colère des esprits. Il y est interdit de cracher dans le feu, de peler des fruits désignés avec les dents, de dormir le visage tourné vers le ciel ou vers le sud, de nettoyer les cases le soir et de pousser les ordures vers le nord, de mettre le pagne à l'envers, et une série de défenses de ce genre, qui, malgré leur ridicule, sont scrupuleusement observées par crainte du diable, des mauvais esprits et des ombiaffes. On ne doit pas non plus s'approcher de lieux spécialement interdits, ce sont ceux où l'on suppose que résident les esprits matérialistes. En réalité, ces lieux sont fréquentés par les sorciers qui y déposent leurs richesses où elles sont, grâce à la superstition, en parfaite sécurité.

Les moments fatals désignés par les « fadi » imposent des obligations extraordinairement sauvages à ceux qui y croient. Quand une des dates fatidiques arrive, on s'abstient de faire quoi que ce soit, de peur d'irriter les esprits. Si un enfant naît au cours de l'une de ces courtes périodes, il est censé possédé du mauvais esprit, par suite non seulement il aura tous les vices, mais il doit porter malheur à tous les siens; son sort est immédiatement décidé, il doit mourir. Les parents se lamentent non pas de sa mort, mais de sa naissance; ils l'enterrent vivant, le font manger aux crocodiles ou encore vont le déposer dans la forêt pour qu'il devienne la proie des fauves. Quelques tribus agissent avec moins de cruauté; dès que l'enfant est né, un des membres de la famille va le porter dans la forêt, mais aussitôt d'autres parents viennent l'enlever et le transportent dans un autre pays où ils l'élèvent sous un nom inconnu ; de cette façon les esprits ont perdu sa trace et ne peuvent plus rien sur lui. Cette action est suivie de nombreux sacrifices dont le diable a la plus grosse part.

Les indigènes non convertis n'ont point d'église et ne disent point de prières; cependant ils attribuent aux esprits la propriété de quelques arbres et de quelques rochers. Après avoir fait des sacrifices, ils portent assez souvent les têtes des animaux immolés sur ces arbres ou sur ces rochers ; ils vont aussi y déposer des pagnes teints de sang, des lambeaux de peaux et autres loques.

Ils connaissent des plantes dont les différentes vertus sont propres à guérir toutes les maladies, toutes les blessures. Bien des médecins européens ont été stupéfiés des cures faites, soit par l'absorbtion des végétaux, soit par l'application de ces mêmes végétaux sur les plaies. Ceci indique une fois de plus que la nature, si elle possède des éléments qui exercent une influence néfaste sur l'organisation animale, elle possède aussi les moyens de combattre ces éléments. Il est évident que si la science pouvait pénétrer ces secrets, le rôle des médecins serait considérablement modifié, s'il n'était pas annulé. Il en est de cela comme de bien d'autres choses. Mais la science est humaine et, quoi qu'en disent les sceptiques pour justifier son impuissance, elle restera toujours inférieure aux choses d'essence divine, renfermées dans la nature.

Les Malgaches qui emploient instinctivement les plantes contre les maladies ne leur attribuent pas les propriétés qu'elles ont réellement. Les esprits seuls sont en cause ; le remède n'est qu'un accessoire. Lorsqu'un indigène est malade, on recourt aux végétaux par habitude, mais, par conviction, aux pratiques extravagantes consacrées par les « fadi » des ombiaffes :

La tribu est conviée à se réunir autour du souffrant ; on chante, on danse, on bat des mains en poussant des cris effrayants pour chasser les lutins dont on suppose le malade possédé. Si, après cela, celui-ci ne guérit pas rapidement, le plus jeune des assistants court au tombeau du dernier membre de la famille décédé et lui demande d'intervenir. Si le malade meurt, c'est que le diable est victorieux. Alors le désespoir ne connaît plus de borne dans la tribu.

Les parents vont jusqu'à brûler la case où le décès a eu lieu, sous prétexte de purification ou plus simplement ils abandonnent le pays, et changent même de nom pour dépister les mauvais esprits, cause de leur malheur.

La mort donne lieu à des cérémonies funèbres qui diffèrent selon les pays ou les tribus. Aussitôt après que le moribond a rendu le dernier soupir, on lave le corps à grande eau, on râcle fortement la peau avec des feuilles ou avec du bois pour faire disparaître les impuretés qui auraient pu s'introduire dans les pores. Lorsque le corps est jugé suffisamment propre, on l'enduit avec de l'huile. Cette opération terminée, le cadavre est enveloppé dans des pagnes, puis dans une natte ou de larges feuilles, et est fortement ficelé ; on le dépose ensuite dans un tronc d'arbre creusé qui lui sert de cercueil. Pendant plusieurs jours, il demeure exposé dans la case, et les parents et les amis viennent converser avec lui ou plutôt viennent lui parler. Tout cela se fait avec des chants et des danses.

On enterre à une très grande profondeur, le cercueil est toujours accompagné d'une quantité de victuailles, d'armes, de vases et d'ornements. Lorsque tout est fini, des sacrifices sont faits sur le tombeau et pendant quelques jours, les membres de la tribu envoient de quoi manger au mort.

Les unions se font aussi de façons différentes, selon les tribus ou les familles. Dans certaines d'entr'elles, le mariage se fait tout simplement, par consentement mutuel et sans formalité ; il se défait de même. Dans d'autres, des cérémonies diverses sont en usage : Le mari achète toujours sa fiancée dont il paie le montant au père. Quand les conditions du marché ont été remplies, le futur a le droit de prendre sa femme, mais il doit l'enlever. Ce n'est pas là œuvre facile que cet enlèvement, car la femme est bien gardée et elle-même se dérobe à ces tentatives. Le pauvre mari, pour arriver jusqu'à elle, doit user de ruses et de forces. Il engage avec les gardiens, de véritables batailles, dans lesquelles il est fort maltraité et reçoit quelquefois des blessures assez graves. Dès qu'il a réussi à accomplir le *rapt*, sa victoire est célébrée par de nombreux sacrifices d'animaux.

Un bœuf est tout spécialement égorgé en l'honneur des nouveaux époux. Le sang de ce bœuf sert à maculer le front de tous les assistants.

La situation de la femme est très précaire, ce dont elle ne se plaint pas, parce qu'elle ignore si un sort plus heureux pourrait lui être fait; elle est l'esclave absolue de l'homme et sa servitude, selon la tribu à laquelle elle appartient, est poussée à des excès plus ou moins cruels.

Chez les peuplades du Sud, la femme est considérée comme un être malfaisant, soumise à des humiliations inconcevables; elle est une chose, l'homme peut la tuer s'il a trop à se plaindre d'elle. Si le mari est malade, la femme n'a pas le droit de demeurer auprès de lui, on la chasse hors de la case sous le prétexte que sa présence attire les mauvais esprits. S'il meurt, c'est elle qui est la cause de la mort; dès lors, elle est en butte aux brutalités des parents et des amis du défunt. Pendant que le corps du défunt est porté en terre, la veuve reste seule dans la case et se pare de tous les ornements qu'elle possède. Tout le monde vient l'y rejoindre. On se précipite sur elle en l'accablant d'imprécations, on la frappe violemment, sans qu'elle ait le droit de se plaindre, pour la punir de la mort de son mari dont elle est responsable. Ces mauvais traitements continuent tant que les parents du mort croient avoir à manifester leur douleur, ce qui se prolonge souvent durant de longs mois, mais le temps ne compte pas et la victime ne manifeste pas d'impatience. Enfin, quand on juge que la veuve est assez punie, elle est répudiée. A partir de cet instant seulement on la laisse tranquille; elle reprend la liberté de se remarier, ce qu'elle s'empresse de faire.

Cette coutume, comme d'ailleurs beaucoup de celles en usage dans les tribus malgaches, semble avoir été importée des Indes. Il existe, en effet, dans les Indes, un usage à peu près semblable, avec une différence cependant, c'est que la veuve, au lieu de pouvoir se remarier, est dans l'obligation de mourir sur un bûcher pour aller rejoindre son maître.

La circoncision se pratiquait autrefois chez tous les peuples de l'île : elle y est encore en usage dans les provinces insoumises. On suppose que cet usage a été importé par les juifs qui vinrent à Madagascar au VIe siècle, mais l'on se demande comment il a pu y être implanté. Il est, en effet, curieux que les indigènes qui n'ont en fait de religion que des croyances superstitieuses, qui ignorent Jésus, Moïse, Mahomet, possèdent cette cérémonie.

Il faut considérer que cette opération est pratiquée dans un tout autre but qu'un but religieux.

Cette appréciation se trouve justifiée par l'esprit même dans lequel la circoncision est faite chez les Malgaches. L'enfant est déclaré homme le jour où il est circoncis, quand il a atteint l'âge de dix ans, quelquefois avant; l'opération se fait toujours en grande pompe, elle ne comporte que des sacrifices offerts aux esprits. Aucune parole, aucun moyen de procédé même qui rappelle une religion quelconque.

Les enfants sont préalablement battus, bousculés, tiraillés pour leur apprendre que, devenus hommes, ils vont avoir à soutenir des luttes pour la vie. C'est une sorte d'entraînement.

Quelques rares tribus observent un jeûne qu'ils appellent ramanaho et méafoutché. Ce jeûne dure vingt-quatre heures ; il tombe un jour quelconque de l'année, choisi d'après certaines observations des évolutions lunaires. Il est, comme les sacrifices, offert à Dieu, au diable et aux esprits. Le mois qui comprend le jour du jeûne est un mois fatal pendant lequel on s'abstient le plus possible de faire quoique ce soit, et on fait mourir ou on abandonne les enfants qui naissent.

CHAPITRE VI

Rivalités des tribus, l'Esclavage

Les tribus sont très divisées entre elles ; il existe des haines héréditaires qui n'ont d'autre cause que les convoitises. Aussi s'ingénient-elles à se voler mutuellement et sont-elles, pour cela, constamment en guerre. Les sorciers jouent naturellement un très grand rôle dans les conflits. Quand un chef a décidé de spolier son voisin et veut lui faire la guerre, il rassemble les sorciers de sa tribu. Ces conseillers approuvent toujours les guerres dont le succès grandit leur prestige, ils en combinent les dispositions qu'ils basent sur des sortilèges ridicules. Les combinaisons une fois arrêtées, le chef envoie des espions en éclaireurs. Chaque éclaireur est escorté d'un *porteur de charmes* ayant pour mission d'enfouir dans les terres de la tribu menacée, les talismans destinés à attirer sur elle tous les mauvais esprits. Ces préliminaires accomplis, les envahisseurs commencent le siège.

Les batailles entre les tribus sont épouvantables. Ce ne sont point des hommes qui s'attaquent et se défendent, ce sont des bêtes qui se ruent les unes contre les autres, s'étreignent en des corps à corps horribles, se déchirent avec les dents, se massacrent avec des sagaies ou des pierres ; ne se bornent pas à tuer mais mutilent.

Tels les tigres, que l'odeur du sang affole, s'acharnent après leurs victimes dont ils fouillent les entrailles et se repaissent en des déchirements hideux : telles ces brutes, dans les délires d'une rage bestiale, arrachent des lambeaux de chair du vaincu dont ils font des trophées qu'ils élèvent, rouges, informes, en signe de victoire.

Après la tuerie brutale, le pillage ; après le pillage, l'incendie.

Les femmes ne prennent point part à ces expéditions, mais elles ne restent pas inactives durant le combat. Pendant que les hommes bataillent, elles ne cessent pas de chanter, de crier, et de danser. Ce tapage et ces tribulations ont pour but, dans leur pensée, de complaire aux esprits pour que leur tribu soit victorieuse.

Les conflits sanglants peuvent être prévenus si le chef de la tribu attaquée le désire ; dans ce cas, celui-ci, dès les préliminaires de l'attaque, demande à capituler. Des ambassadeurs délégués de part et d'autre sont chargés de négocier les conditions de la paix.

Cet échange d'ambassadeurs donne lieu à des formalités préalables : Avant de s'adresser la parole, les deux délégués immolent un bœuf dont ils mangent chacun un morceau, puis, sur les restes de la victime et en attestant les esprits, ils échangent le serment solennel de ne point fausser la vérité.

Infanterie Hova.

Hélas ! rien n'est plus menteur que ce serment rempli d'imprécations, de souhaits terribles, pour celui qui y faillirait ; les deux larrons s'empressent de mettre toute sincérité de côté et de se tromper à qui mieux mieux. Ces sortes de discussions sont fort longues. Pendant que l'un proteste de sa bonne foi pour mieux abuser, l'autre, avec les mêmes protestations, débite les plus belles hypocrisies. Finalement, pour faire prévaloir un argument, s'ils s'entêtent à ne pas vouloir se laisser tromper, les ambassadeurs en viennent aux mains et le pugilat ne cesse que lorsque l'un des deux tombe mort. Dans ce cas, on attribue cette conclusion à l'intervention des esprits, la tribu du mort reste à la discrétion de la tribu du vainqueur et en accepte toutes les conditions qu'elle impose.

La traite des esclaves était, autrefois, le commerce le plus important de l'île où on pouvait la pratiquer en toute sécurité. Aujourd'hui encore, cette infamie, que réprouve la civilisation la plus élémentaire, n'a pas cessé d'exister.

Les navigateurs et les marchands qui se livraient à ce trafic de chair humaine, avaient établi leur centre d'opérations à la pointe Sud-Ouest, à Musikora, dans le pays des Mahafaly ; ils faisaient de nombreuses et très fructueuses affaires. C'est à Musikora que les négriers abordaient sans être inquiétés ; les indigènes pourvoyaient à leur cargaison. La *récolte* se faisait par une chasse à l'homme dans les tribus voisines et sur le plateau. Si le nombre de prisonniers était insuffisant, les *chasseurs* vendaient même ceux de leurs enfants qui avaient l'âge et la force de pouvoir fournir la somme de travail exigée des esclaves.

C'est ainsi que les planteurs de l'Arabie, de l'Egypte et d'autres pays venaient s'approvisionner, à Madagascar, des ouvriers dont ils avaient besoin pour les travaux de leurs plantations. Des esclaves venant de l'Australie et des côtes d'Afrique étaient de même importés. A un moment donné, les indigènes de l'Est, dont les pays se dépeuplaient par ce trafic, voulurent l'arrêter, mais les planteurs étrangers s'interposèrent et favorisèrent les négriers.

Les prisonniers de guerre deviennent esclaves ; esclaves aussi ceux que des revers réduisent à la pauvreté ; esclaves ceux qui déplaisent aux puissants. Le débiteur même qui se trouve dans l'impossibilité de payer sa dette, devient l'esclave, de par la loi, de son créancier qui s'en sert ou le vend pour recouvrer le montant de sa créance.

Quelle chose épouvantable ce commerce honteux ayant pour objet la vente et l'achat de créatures humaines ; quelles souffrances physiques et morales n'ont pas à subir les malheureux qui en sont l'objet !

Les négriers entassent dans leurs bateaux, pas même en observant les précautions usitées lorsqu'il s'agit de bêtes, les hommes qu'ils viennent d'acheter, les pressant les uns contre les autres pour qu'ils tiennent moins de place.

Étouffés, privés d'air, de lumière et de nourriture, les pauvres créatures restent ainsi de longues journées, souvent sans pouvoir faire un mouvement qui soulagerait leurs membres meurtris, en proie aux affres de la faim et aux douleurs occasionnées par les mauvais traitements qui ont précédé leur mise à « fond de cale ».

Après cela, ceux qui ne succombent pas sont livrés au maître et les misères continuent. C'est alors un travail pénible et continu qu'ils doivent fournir. On les astreint à fouiller la terre sous les intempéries, brûlés par le soleil ou trempés par la pluie, à peine leur donne-t-on à manger et on les bat. S'ils se révoltent contre la barbarie du tyran, on leur impose des supplices inimaginables qui souvent occasionnent la mort.

On ne peut se faire à l'idée que des hommes soient ainsi traités par d'autres hommes. Rien ne constitue un droit semblable ; la force brutale qui établit une autorité aussi discordante dans l'humanité est un crime pour la répression duquel il n'y aura jamais assez de sévérité.

Les mécréants qui se livrent à cette exploitation arguent, pour justifier leur ignominie, que ces êtres trouvent leur condition toute naturelle parce qu'ils n'en connaissent pas d'autre : Les douleurs morales n'existent pas pour les esclaves, disent-ils, ils ne pensent pas; quant aux douleurs physiques, elles n'ont aucune importance et leur nature sauvage les leur fait supporter sans qu'ils aient à faire même un effort de courage. Et puis, concluent-ils, c'est une nécessité, il faut des bras pour travailler la terre, les planteurs et les colons verraient leurs champs dépérir, leur fortune crouler, s'ils n'avaient pas d'esclaves, car ils ne trouveraient pas de travailleurs de bonne volonté.

Oh! ces plantations arrosées de sang, oh! ces fortunes bâties sur des cadavres amoncelés par les misères !

Et ces gens-là ne sentent pas une fibre qui crie pitié, leur âme est desséchée, leur cœur est mort.

Misérables qui peuvent encore s'attendrir cependant sur le sort de leur chien et n'ont aucune pitié de leurs semblables.

Ces êtres ne pensent pas! Admettons qu'ignorants de toutes choses, sauvages comme les ronces qui poussent au bord de la case qui les a vu naître, ils n'ont que de l'instinct. Mais ils vivent, donc ils souffrent. Cette chair que l'on meurtrit, ce sang qui s'échappe de leurs blessures, ce corps, enfin, sont comme notre chair, notre sang, notre corps à tous. Dieu nous a donné une même nature, il n'a établi aucune différence entre les hommes pétris d'un même limon : c'est agir contre la volonté, contre les intentions du Créateur en établissant entre les hommes une différence aussi inhumaine.

Périssent les plantations, croulent les fortunes, si ce n'est qu'au prix de ces misères qu'elles peuvent subsister.

Mais non, la société n'a pas besoin de recourir à des moyens aussi barbares pous consolider ses assises; au contraire, c'est par la charité et l'amour qu'elle grandit en force et en prestige, et la société l'a bien compris. L'esclavage, né d'une aberration de sentiments contraires à l'idée religieuse, est réprouvé par la civilisation ; il n'existe plus que dans des pays perdus où, il faut l'espérer, il sera bientôt détruit. L'homme, quel qu'il soit, n'est pas, ne peut pas être un esclave. Le regretté cardinal Lavigerie a dit, à cet égard, tout ce que l'on pouvait dire, et le mouvement antiesclavagiste qu'il a provoqué a eu un écho dans les pays même les plus incivilisés. Si on retrouve encore des esclaves, c'est que l'idée de Dieu n'a pas pénétré partout. Il appartient aux peuples heureux, aux peuples libres de propager cette idée en brisant les obstacles, purement matériels, qu'ils rencontrent sur leur chemin.

On a lieu de s'étonner de retrouver à Madagascar des malheureux qui subissent la condition dénaturée de l'eslavage puisque, en résumé, ce n'est plus un pays perdu et que la classe dirigeante, les Hovas, connaît au moins les principes de la civilisation chrétienne. La cause de cet état de choses résulte toute des complaisances de ceux, pasteurs et laïques, qui cherchaient à conquérir un prestige.

En 1820, un Français, ancien soldat, qui était venu tenter la fortune à Madagascar et avait réussi à gagner la confiance de Radama, chef des Hovas, indigné de ce scandale, tenta d'en arrêter la marche. Il réussit à faire comprendre au roi ce qu'il y avait de barbare dans ces ventes et ces achats d'hommes rendus plus misérables que les bêtes par l'état d'esclavage. Radama se laissa persuader et dans un mouvement que le Français s'efforçait d'entretenir, il défendit la traite. La défense ne fut guère écoutée en dehors du pays des Hovas et encore si peu. Quant aux négriers, ils continuèrent leurs relations avec les peuples du Sud, peut-être un peu moins ouvertement, mais il ne s'arrêtèrent pas un seul jour.

Il y a dix-huit ans, le gouvernement hova prit de nouveau la résolution d'arrêter le commerce des esclaves. Mais, hélas! combien peu humanitaires étaient les sentiments qui inspiraient cette résolution et combien peu on doit espérer de voir cesser l'esclavage si les Européens n'interviennent pas et ne l'imposent par la force. La nouvelle défense faite par le gouvernement hova de 1876, n'avait d'autre but que d'interdire l'exportation des indigènes, mais n'entendait pas proclamer l'affranchissement dans l'île. Au contraire, même en dehors des peuplades indépendantes où les sanctions royales ne sont d'aucun effet, l'esclavage fleurit toujours là-bas sous la sauvegarde gouvernementale.

Ici encore nous ne pouvons taire le rôle des Anglais. Pudibonds et d'une susceptibilité exagérée pour tout ce qui concerne les convenances et la morale, le cœur rempli d'une sensiblerie hypocrite quand il s'agit de l'humanité, les citoyens de la brumeuse Angleterre s'élèvent en des manifestations indignées contre l'esclavage. Ils proclament, en des protestations charitables, la nécessité d'arrêter l'œuvre des monstres qui vendent et achètent leurs semblables comme marchandise. Ils s'associent avec enthousiasme aux efforts tendant à l'affranchissement de l'humanité... et à l'occasion leurs faits contredisent leurs paroles.

Les pasteurs, oh! les pasteurs sont admirables. Ils s'émeuvent *froidement,* parlent de la liberté avec des intonations vibrantes, disent sur la fraternité des choses superbes, rêvent à haute voix, pour qu'on le sache, aux moyens de tenter des croisades. D'autre part, ah! d'autre part, comme des protestations autres que celles se traduisant par de simples paroles pourraient nuire à leur influence auprès du gouvernement, leur zèle est singulièrement tempéré.

Ils savent que le gouvernement considèrerait une tentative ayant pour but de détruire l'esclavage comme une tendance à porter atteinte à son prestige autocratique, aussi, en catimini, ils ne dédaignent pas de le favoriser. Si nous en croyons des historiens des plus sérieux et des mieux informés, et nous n'avons aucune raison de ne pas les croire, messieurs les pasteurs poussent la condescendance et le sacrifice de leurs sentiments chrétiens jusqu'à acheter eux-mêmes des esclaves pour leur usage personnel. Peut-être aussi pour payer avec le prix de conversions à leur église ou encore dans un esprit purement commercial.

Mais nous ne comprenons pas ces choses-là, nous, Français ; trop d'insouciance et trop de cœur, nous ne comprenons rien au pratique. Il est probable que nous aurions mauvaise grâce à trop insister.

CHAPITRE VII

Villes principales, Commerce et Industrie

MADAGASCAR a pour capitale la ville de Tananarive, appelée Ant' Anariva en malgache.

La ville est située au centre de l'île, un peu vers l'Est, au sommet d'une montagne, sur un vaste plateau, à 1,500 mètres d'altitude ; à 160 kilomètres de la côte Est et à 360 kilomètres de la côte Ouest, entre les 18° 55' 4" de latitude Sud et 45° 15' 45" de longitude Est.

La colline sur laquelle est bâtie la première cité du royaume s'étend sur une longueur de trois kilomètres du Nord au Sud. Le plateau a un peu plus de un kilomètre de largeur. C'est un énorme massif composé de quartz, vulgairement appelé pierre à feu, de feldspath, de mica brillant et feuilleté comme des écailles de poisson et de blocs granités. Les versants sont taillés en des escarpements

qui les font ressembler à des bastions, dans certaines parties, notamment à l'Ouest, au Sud et à l'Est; d'autres parties sont moins rapides. En bas, à 150 mètres au-dessous du plateau, la plaine s'étend avec ses rizières que baigne l'Ipoka, et ses plantations luxuriantes.

On aperçoit la ville de très loin, elle semble dominer le pays et grandir, par sa situation, le prestige de la souveraine. Son allure, vue ainsi à distance, ne laisse pas d'être pittoresque. Les maisons flanquées sans ordre, pêle-mêle, sur les pentes, semblent servir d'assises au palais qui s'élève au-dessus d'elles; elles présentent assez bien la figure du peuple soutenant la royauté sur ses épaules.

Mais ce n'est là qu'une apparence que l'éloignement permet d'imaginer. De près le charme, si charme il y a, disparait, et les rues accidentées dans lesquelles on ne peut marcher qu'avec de grandes précautions, font ressortir la réalité bien moins agréable.

En somme, cette ville est plutôt une agglomération de groupes d'habitations qu'une vraie ville.

Elle a été formée par une réunion de villages, autrefois indépendants, de là son nom Ant' Anariva qui veut dire « ici mille villages », ou encore « ici mille bras », car on considère que la ville aurait aussi été fondée par mille guerriers en 1660.

Tananarive est la plus importante cité de l'île, sa population comporte environ 90,000 habitants. La capitale malgache n'a certainement pas l'aspect de nos villes européennes, avec leurs constructions, leurs boutiques, leurs promenades ou leurs monuments; bâtie comme en amphithéâtre, où s'étagent de petites maisons sans architecture, elle est divisée en deux parties, la vieille ville et la nouvelle ville, et découpée par de nombreuses avenues. La cour y réside, ce qui a réuni dans la cité tout ce que les pays soumis comportent de gens de qualité.

Le palais royal qui n'a rien des somptueuses demeures aristocratiques des pays du continent, est situé au delà de la vieille ville, sur la colline. On y accède par une grande avenue qui part du palais, traverse la ville et s'étend à perte de vue dans la campagne. Les environs sont fort jolis; on y remarque des sites champêtres charmants qui sont les promenades habituelles des habitants.

Les habitations sont représentées par des cases jetées sans harmonie sur les flancs et la crête de la montagne; de petites maisons en planches, en briques et en pierres; des palais, des temples et des églises. Les monuments de Tananarive sont représentés par le palais de la reine, vaste bâtiment qui était en bois et a été reconstruit en pierre par un architecte français; il est élevé de trois étages et comporte des galeries. Le palais d'argent est la reproduction en petit du palais de la reine. Le palais de Moanandro est une sorte de villa dans le genre de celles que l'on rencontre en Italie. Le palais Ramboasalaing est la plus ancienne construction et l'antique résidence royale; il sert aujourd'hui comme lieu de fêtes pour la cour. Le palais de justice est un monument de style grec. Le palais du premier ministre est un bâtiment carré, flanqué de tours, surmonté par un dôme en verre. Une cathédrale style gothique, bâtie par les jésuites et le palais épiscopal. Laborde a fait bâtir un tombeau destiné à la reine Ranavalo I, qui a été affecté au premier ministre Ramiharo. Le palais de la résidence générale française, la cathédrale protestante, quatre temples des méthodistes.

Les jésuites, indépendamment de leur cathédrale, ont construit, en 1890, un observatoire à 1,400 mètres d'altitude.

Au Nord de la ville sont situés les établissements européens.

Presque toutes les constructions sont surmontées d'un paratonnerre;

c'est là une mesure préventive justifiée par la nature ferrugineuse du sol qui attire la foudre.

La seconde ville du royaume est la cité de Fianarantsoa, dans la province de Betsiléo, au Sud de Tananarive, presqu'en ligne droite, à une distance de trois cents kilomètres environ.

Cette cité, comme la capitale, est élevée sur une colline, le mont Ivohibé, à une altitude de 1,300 mètres.

Fianarantsoa, n'a pas du tout une importance seulement comparable à d'autres villes du littoral; elle ne doit d'être classée comme la seconde dans le royaume, que parce qu'elle a été, autrefois, la résidence du roi et est encore une des premières cités sacrées.

Il y a douze cités sacrées : la principale, celle où la cour se retire à certaines époques, est Ambohimango.

Les autres villes de l'île qui ont de l'importance sont Fort-Dauphin à l'extrémité Sud-Est, dans la province des Antanosy; Ambahy, dans la province des Antaimoures; Mahanoro, Andovorante et Tamatave; Foulpointe, Fénérive, dans la province de Betsimisarakas; Antsirané au Nord. A l'Ouest, Majunga, dans la province de Boina; Tulléar, dans la province de Fihérénana.

Majunga est le point où le corps expéditionnaire va effectuer son débarquement pour se diriger sur Tananarive; elle est située par 43°50′36″ de longitude Est et 15°42′39″ de latitude Sud.

La ville est bâtie sur la pointe d'Antsahambingo au Nord-Est de la grande baie de Bombetoke; elle comprend mille à douze cents habitations, mais sur ce nombre, plus de mille ne sont que des cases construites en branchages et en paille, entourées de clôtures rustiques et rangées sans symétrie. Les autres sont bâties en pierres

Artillerie hova

ou avec un mélange de terre grasse, de sable et de paille hachée. Deux rues parallèles au rivage forment la division.

Vue de la mer, au loin, Majunga a l'allure d'une cité, mais quand on y est ce n'est plus qu'un fouillis.

La population n'est pas supérieure à 5,000 habitants ; c'est un mélange de Hovas, de Sakalaves, d'Arabes de Zanzibar, de Makois, d'Indiens et d'Européens.

Le climat est moins sain que sur le plateau de Tananarive, mais il n'est pas précisément malsain et très supportable à cause de la brise de la mer. Il pleut à Majunga pendant près de six mois ; le restant de l'année s'écoule dans une sécheresse désolante.

Les Hovas ont établi de nombreux postes de défense tout le long de la côte, tous occupés militairement par de pauvres soldats qui ont bien d'autres préoccupations que celles de défendre le pays ; misérables, obligés, en partie, de pourvoir à leur nourriture, mal traités ; on voit de quelle utilité ils pourraient être si on ne les tenait sous un joug rempli de menaces de mort.

A l'Est de Fort-Dauphin, à Foulpointe, les postes sont échelonnés dans les villes principales du cap Masoalo à Antsirané sur la côte Nord-Est, quelques forts sont étagés. Au Nord, il y a les forteresses formées par les montagnes qui surveillent admirablement les deux côtés de la pointe. Enfin, le mont d'Ambre présente un poste d'observation à onze cents mètres d'altitude. A l'Ouest, regardant le canal de Mozambique, les forts bâtis sur des collines autour de la baie de Bombetoke ; le cap Saint-André ; le cap Saint-Vincent.

La France occupe plusieurs points de l'île ; indépendamment de ses résidences, elle a en propriété une partie du territoire autour de la baie de Diégo-Suarez. Ce territoire, comme la plupart des provinces de l'île, n'a pas de limites bien déterminées. L'île de Sainte-Marie et l'île de Nossi-Bé, appartiennent aussi à la France.

Par sa puissante végétation, la fertilité de son sol et même ses terrains miniers, Madagascar est appelé à devenir un centre commercial très important, une source de richesses relativement très considérable sous notre protectorat. Ce qui manque pour donner cet essor, c'est la colonisation. Il ne serait point excusable de compter sur les indigènes pour prendre l'initiative de travaux d'exploitation ou pour produire un développement quelconque ; ceux-ci ont besoin d'une direction énergique qui les obligera à se débarrasser de préjugés et de mœurs que l'on ne peut plus comprendre.

Avant et depuis le protectorat, toutes les tentatives qui ont été faites à Madagascar ont échoué, parce qu'elles se sont constamment heurtées à l'esprit d'isolement et de méfiance des indigènes; les colons qui continueront à venir dans ce pays n'obtiendront que des résultats incomplets, s'ils parvienent à en obtenir, parce qu'ils ne sont pas suffisamment protégés.

D'après les traités intervenus, les Français n'ont pas le droit d'acquérir des terrains ; ils ont le droit d'en louer pour les mettre en valeur. Mais comment se risquer à demeurer dans l'île avec son climat insalubre, pestilentiel, qui tue presque tous ceux qui osent l'affronter?

La première condition à remplir, nous semble-t-il, pour faciliter la colonisation, c'est de procéder à l'assainissement du pays. Le gouvernement hova s'oppose à tous travaux pouvant, tout en favorisant l'immigration, compromettre la défense, que présente pour lui l'inaccessibilité de la disposition de son sol. C'est su ; mais devrait-on s'arrêter à la puérilité d'une pareille considération ? Quand il s'agit de la civilisation, du bonheur d'un peuple, c'est comme quand il s'agit d'un malade, on consulte la raison et on impose sa volonté pour le sauver.

Pourquoi, après tout, ne procèderait-on pas à Madagascar comme on a procédé dans bien d'autres colonies, très prospères aujourd'hui ? Pourquoi des demi-mesures qui obligent, presque périodiquement, à faire des expéditions fort coûteuses dans le seul but de conserver un prestige qui ne rend que des services très limités ? Si l'exemple du passé avait été retenu, nous n'en serions pas à ne posséder qu'un petit coin de cet immense territoire, nous le possèderions presque en entier et les trésors qui sont enfouis dans ce sol auraient déjà procuré, au commerce d'exportation, des trafics considérables, comme au commerce d'importation des débouchés précieux.

A un moment donné, l'industrie semblait devoir s'implanter à Madagascar : un Français audacieux avait réussi à fonder à Mantassa, dans la florissante vallée de l'Ikopa, un centre industriel qui semblait appelé à un très grand développement. Au milieu d'un immense jardin botanique, où étaient réunies toutes les productions végétales de l'île, les plantes et la flore qui nous sont encore inconnues, il avait élevé des manufactures de toutes sortes ; on y fabriquait des armes, des étoffes, de la porcelaine, du savon ; une raffinerie pour le sucre, une fonderie et même une poudrière. Une route carrossable desservait ce foyer d'industrie, une ruche ouvrière était organisée, c'était le progrès, c'était la civilisation, c'était enfin la liberté pour l'homme qui s'habituait à chercher son indépendance dans le travail.

Il n'est nullement douteux que la prospérité devait bientôt exercer une influence bienfaisante sur ces peuples et leur donner la connaissance de la dignité humaine. C'était trop, les efforts généreux de notre compatriote devaient se briser contre l'esprit d'autorité irraisonnée et irraisonnable de ceux qui président aux destinées du peuple malgache et de leurs conseillers intéressés. Des guerres adroitement suscitées entre les tribus paralysèrent cet effort et empêchèrent le progrès de faire un pas de plus.

L'industrie n'existe donc presque pas. Quoique cela, les indigènes, dont l'intelligence peut facilement se développer, fabriquent des étoffes de soie fort belles et surtout d'une solidité peu commune; ils savent donner à ces étoffes un brillant coloris qui les rendent vraiment précieuses; on fabrique de même des toiles et des cotons d'excellente qualité. Le tissage des fibres de palmier produit aussi une étoffe d'une très grande solidité, avec laquelle on confectionne des pagnes, des manteaux, des bâches et de nombreux objets.

On travaille, avec un art merveilleux, à des ouvrages en filigranes de fer blanc, d'argent et d'or, tels que plateaux, vases, coffrets, objets d'ornement. La bijouterie n'est point négligée : elle n'a pas la finesse qu'elle doit comporter généralement, mais enfin, toute grossière qu'elle est, elle ne manque pas d'un certain cachet presque artistique.

Tout cela, évidemment, ne constitue pas un élément industriel d'une importance même relative et réclame des initiatives pour un développement, mais prouve les possibilités d'établissements.

Au point de vue commercial, quoi qu'il paraisse et soit assez précaire, eu égard à l'importance du pays et aux choses qu'il possède, la situation est meilleure, les transactions y ont une certaine importance : Les iles voisines de Bourbon, ou mieux, de la Réunion et Maurice, s'approvisionnent presque exclusivement à Madagascar; elles y prennent les bœufs, les moutons, les céréales, le riz, le maïs, le manioc.

L'Amérique entretient un commerce important d'exportation avec Madagascar; l'échange des marchandises s'y fait sur un grand pied et on chiffre par de nombreux millions les transactions auxquelles les deux pays se livrent.

Des industriels européens séjournent dans les ports, sur les côtes où ils importent des étoffes, des bibelots, de la mercerie, des articles dits de Paris. Ils fournissent ces différents objets à des commerçants qui pénètrent à l'intérieur et vont les échanger dans les tribus contre des bois précieux, du caoutchouc, des peaux, de la cire, etc. Ce petit commerce est très florissant; il fait réaliser de fort beaux bénéfices à ceux qui s'y livrent.

C'est de Tamatave surtout, premier port commercial de l'île, que se font les plus importantes expéditions de bœufs, de moutons, de volailles, de céréales pour les îles s'approvisionnant à Madagascar; c'est encore à Tamatave le centre où sont établis les industriels qui alimentent les commerçants qui vont faire les échanges de marchandises à l'intérieur et d'où on importe en Europe les objets échangés.

Fénérive, à droite de Tamatave, est un petit port très fréquenté par les navires; c'est là que s'écoulent les produits des riches vallées du territoire de Betsirisamaraka. On y fait d'assez nombreux chargements de riz.

L'île de Sainte-Marie, assez prospère malgré l'insalubrité de son climat, fournit le clou de girofle et de la vanille en grande quantité.

Le centre du commerce, pour le caoutchouc, est établi dans la baie d'Antongil. C'est sur les bords de cette baie qu'est la ville française de Louisbourg, aujourd'hui abandonnée.

Des établissements français ont été créés dans la partie du territoire qui est notre possession à l'extrême Nord, au pied du mont d'Ambre. On a créé dans cette province de nombreux entrepôts et des chantiers. Une petite ligne de chemin de fer y a même été installée qui permet de descendre depuis la baie de Diégo-Suarez jusqu'à l'Ouest et coupe la pointe de l'île. Si l'on parvenait à amener à Antsinaré, chef-lieu de ce territoire, au bord de la mer dans la baie, les productions de toute cette partie du pays, la prospérité de notre possession serait rapide.

La baie est une des plus belles du monde, vaste, profonde, offrant aux navires un refuge incomparable, c'est forcément là que se concentrera, à un moment donné, tout le commerce maritime de Madagascar. Ce petit coin nous donnera d'autres résultats bien plus satifaisants que ceux obtenus par les différentes tentatives qui ont été faites sur divers points des côtes, de Fort-Dauphin à l'île Sainte-Marie même.

Au Nord-Ouest, en face de l'île de Nossi-Bé, dans la baie de Passandava, se trouve le marché d'Ambodimadéra. C'est dans ces parages que quelques groupes de mineurs ont commencé l'exploitation des houilles dont le sol est rempli, exploitation, hâtons-nous de le redire, qui n'a absolument rien de considérable et restera insignifiante tant qu'il n'y sera pas procédé d'après la tactique minière.

Majunga, la fortifiée, joue au point de vue commercial, sur la côte occidentale, le rôle que remplit Tamatave sur la côte orientale.

On peut encore citer, comme ayant une importance commerciale, la ville de Tulléar, sur la côte Sud-Ouest; placée à l'embouchure du fleuve Saint-Augustin, à quelques kilomètres de la baie de ce nom, elle est dans une situation très convenable pour les transactions. Le mouvement de Tulléar consiste surtout en bétail, céréales, cire et bois colorants. L'orseille, si communément employée dans nos teintureries françaises, vient presqu'exclusivement de cet endroit où s'en tient le marché. Le village de Salara, de l'autre côté de la baie, écoule les produits du territoire de Mahafaly.

Voici, en résumé, l'importance approximative du commerce d'exportation :

Caoutchouc, orseille, gomme, vanille, cire, bois, crin, peaux, rafia, pois du Cap, riz, café, sucre, rabannes, clous de girofle.

Le caoutchouc est le premier produit qui ait donné lieu aux transactions commerciales ; malheureusement l'exploitation en est mal faite et, au lieu d'augmenter, le produit tend à diminuer. Les indigènes ignorant les principes élémentaires de la récolte, ont tout simplement coupé les lianes dans les endroits qu'ils pouvaient aborder sans grands efforts, puis ils attaquaient les racines des arbres.

Si l'exploitation était intelligemment faite, le caoutchouc de Madagascar détrônerait facilement les autres produits similaires sur les marchés européens. Déjà, malgré l'infériorité que lui donne seule la mauvaise manutention, le trafic, qui a passé le chiffre annuel de un million de francs acquerrait rapidement une très haute importance, car il est, dans l'île, en grande abondance.

L'orseille donne lieu à un trafic qui varie entre 700 à 800 tonneaux par année ; le prix varie entre 45 et 50 francs les 100 kilos, mais à la revente. Les indigènes qui récoltent ce produit, les Mahafoly, l'échangent contre des marchandises avec des traitants européens qui réalisent ainsi d'énormes bénéfices.

La gomme de copal est aussi abondante; on peut facilement en récolter plus de cent cinquante mille kilogrammes chaque année. Son prix atteint jusqu'à 150 francs les cent kilogrammes. Ce serait une belle opération à faire, car elle peut être acquise dans des conditions infiniment avantageuses. Le marché se tient à Tamatave.

La vanille est de qualité supérieure et sa culture y est assez abondamment pratiquée.

C'est surtout vers le Sud-Est, dans les pays des Antaisaka, des Antaifasy et des Antanosy, que sa culture est favorable. On en récolte actuellement en assez grande quantité, mais pas assez si l'on considère ce que l'on pourrait faire. Les 4 ou 5,000 kilogrammes, qui sont exportés par Tamatave, se vendent en moyenne 50 0/0 meilleur marché que cette marchandise n'est cotée en Europe.

La cire est abondante, mais aussi mal préparée. Sa qualité, quoique excellente, donne lieu à une manutention qui en réduit le prix. Malgré cela, l'exportation s'élève encore à près de un demi-million.

Le bois présente à Madagascar une source immense de richesses, mais son exploitation comme partout est mal comprise et, par suite, il perd sa valeur. Le trafic d'exportation n'est pas remarquable; il ne prendra un développement que par une exploitation plus sérieuse.

Le crin végétal n'est guère exporté qu'en Angleterre, mais peu, 6 à 8,000 kilogrammes par an et encore d'une façon irrégulière. Il est surtout employé dans le pays.

Les peaux donnent lieu à d'importantes transactions; elles représentent un chiffre d'affaires qui s'élève et passe un million et demi de francs. Les principaux marchés se tiennent à Tamatave, Majunga, Mananjary, Vatomandry, Vohémar. C'est surtout le commerce américain et le commerce allemand qui achètent. Les peaux de mouton et de chèvre sont dirigées sur l'Angleterre.

Le rafia, ou fibre de palmier, a son marché principal à Vatomandry qui en exporte de 5 à 600,000 kilogrammes. Son prix varie entre 30 et 40 francs les 100 kilogrammes au pays d'origine; la revente, sur les marchés européens, atteint jusqu'à 80 francs les 100 kilogrammes.

Le rafia est très employé par les horticulteurs pour le liage des plantes, la confection d'enveloppes pour les bouteilles et la fabrication des chapeaux.

Des essais de tissage ont parfaitement réussi, et il n'est point douteux que l'emploi divers que l'on peut faire de cette fibre ne donne lieu à un plus grand trafic.

Les pois du Cap ne s'exportent guère qu'aux îles Mascaraignes; l'exportation s'élève environ à 5,000 kilogrammes dont le prix varie entre 1 franc et 1 franc 50 le kilo; les traitants achètent les pois aux indigènes par l'échange.

Le riz est assez abondant à Madagascar, mais il ne donne pas lieu à de grandes transactions et l'exportation ne va guère au-delà de 1,500 à 2,000 tonneaux, quoique sa qualité soit supérieure à la qualité du riz des Indes. On pourrait produire beaucoup plus sur le sol qui se prête admirablement à cette culture, mais les indigènes s'en nourrissant presque exclusivement, ne se soucient pas d'en faire au-delà de leurs besoins.

Le café n'est cultivé que depuis vingt-cinq ans; et encore les premiers essais, faits par des planteurs manquant d'expérience, n'ont pas donné de bien beaux résultats. Cependant, d'autres essais dans des terrains mieux appropriés, c'est-à-dire à l'intérieur, loin des terres infestées, ont été plus heureux. L'exportation est sans importance. Le prix du café, dit café de Guayra, varie entre 50 et 60 francs les 100 kilogrammes; il se revend facilement de 110 à 120 francs en Europe.

Les nombreuses plantations de cannes à sucre sont aussi mal comprises et ne sauraient, pour cette raison, donner les résultats que l'on pourrait espérer. C'est l'Angleterre qui achète la plus grande partie.

La rabanne est un tissu fait avec le rafia; il est teint de différentes couleurs et exporté comme étoffe d'ameublement. Le prix de vente est d'environ 1 fr. 50 la pièce de 2 mètres de long sur 1 mètre 40 de large. En Europe, il se revend facilement 2 fr. 50 ou 3 francs.

Les clous de girofle viennent de Sainte-Marie, dont ils constituent le principal commerce d'exportation : l'île en produit environ 40,000 kilogrammes par année qui se vendent facilement 1,200 francs les 100 kilogrammes.

Les produits de Madagascar qui ne sont pas livrés à l'exportation sont les soies représentant deux qualités : l'une tirée d'un cocon importé du Japon, l'autre produite par un bombyx particulier au pays.

L'élevage des vers est imparfaitement fait; on les nourrit avec les feuilles de l'ambrevade, arbuste particulier au pays ; le devidage se fait à la main.

La production n'est pas grande et le prix en est fort élevé.

Le chanvre est plus abondant ; il donne lieu à des transactions qui se chiffrent par quelques millions ; on s'en sert pour faire des vêtements. De qualité inférieure et vilain, il ne pourrait, en l'état, trouver accès sur les marchés européens.

Le coton, par contre, est très beau et sert, de même que le chanvre, à la confection de vêtements.

On fabrique beaucoup de chapeaux en paille ou en rafia ; il s'en fait une grande consommation dans les provinces soumises.

Les Malgaches produisent encore une sorte de guipure de soie assez grossière et sans grande valeur. Ce sont d'ailleurs les femmes qui confectionnent ces « dentelles » avec leurs doigts.

Il n'existe, à Madagascar, aucun moyen de communication convenable entre les différents pays ; par suite, il n'y a pas non plus le moyen de locomotion. Les routes sont rares, la plupart formées par des sentiers presqu'impraticables à travers les monts ; on ne peut guère les parcourir qu'à pied ou à cheval, et encore, le voyage à cheval offre-t-il des dangers.

Des industriels ont établi quelques tronçons de chemin de fer sur le littoral, mais combien insuffisants.

Les transports de toutes natures entre les pays du plateau et ceux du littoral s'effectuent à dos d'homme ; aussi présentent-ils des difficultés considérables et sont-ils très coûteux.

Par exemple, un porteur, sorte de coltineur, moins alerte et moins fort que les robustes coltineurs parisiens, met environ douze jours pour parcourir la distance qui sépare Tananarive, sur le plateau, de Tamatave, au bord de la mer. La charge qu'il porte est en moyenne de 40 kilogrammes. Or, pour transporter seulement une tonne de marchandise de la capitale sur le littoral ou *vice-versa*, il faut vingt-cinq hommes; le voyage dure douze jours. Si l'on donne seulement un franc par jour à chaque porteur (c'est le prix ordinaire), le coût du transport s'élève à 300 francs. Dans ces conditions, les transactions commerciales sont peu faciles.

Le service postal n'existe pour ainsi dire pas. Le seul qui soit établi c'est le service spécial aux représentants des différentes puissances. Il se fait, de même, par la voie des porteurs. Aussi est-il fait de la façon la moins sûre et combien est longue la transmission des correspondances.

Tout cela est maintenant un peu modifié, mais les modifications sont encore bien loin de présenter quelque chose d'à peu près convenable.

Le gouvernement hova est d'ailleurs hostile à tout établissement de routes ou de chemins de fer. Placé sur le plateau, au centre, séparé de la côte par des terrains boisés, abrupts, inaccessibles, il se considère comme dans une forteresse naturelle, à l'abri des invasions. Cette situation lui plait, il la trouve bonne, il veut la conserver. Il se soucie fort peu des avantages considérables que procurerait au pays, tant au point de vue de la civilisation, de l'état social, qu'au point de vue des transactions commerciales et de la fortune, l'établissement de voies de communication.

Il croit que la sécurité territoriale dépend de l'état primitif des lieux, et non seulement il n'encourage pas les modifications, mais encore il s'y oppose.

Le télégraphe a cependant été adopté; quelques lignes sont établies par la résidence française.

Le Gouverneur de Majunga.

CHAPITRE VIII

HISTORIQUE

Première période, la Compagnie des Indes

Après la découverte de Madagascar par le Portugais Lorenzo Almeïda, les explorateurs et surtout les aventuriers, auxquels cette route venait d'être tracée, y vinrent pour chercher fortune, mais n'y firent, pour ainsi dire, que passer, sans y demeurer. Ils croyaient trouver dans ce nouveau pays de l'or, des diamants et des pierres précieuses. Ils y trouvèrent d'abord un climat mortel; leurs premières tentatives furent infructueuses et le plus grand nombre d'entre eux y laissa la vie. Les indigènes n'acceptèrent pas comme cela, tout d'un coup, ces intrus qui essayaient de les pourchasser en guise de conciliation, et ceux qui purent se soustraire à leurs sagaies n'échappèrent que par miracle aux émanations pestilentielles des marais.

Le Portugal, édifié par ces malheureuses équipées, ne crut pas devoir persister dans ses premières intentions de planter son drapeau sur une terre aussi inhospitalière. Sans faire une nouvelle tentative quelconque, il y renonça; ses navigateurs et les aventuriers continuèrent à se diriger vers l'Inde, ne se souciant plus de faire escale dans ce pays qu'ils appelèrent « le cimetière. »

L'île semblait donc destinée à demeurer inconnue; les seuls explorateurs qui y venaient étaient des négriers et dans le seul but d'y prendre des esclaves en affrontant des périls immenses, ou des navigateurs que les hasards du voyage et les tempêtes jetaient sur les côtes.

Près d'un siècle s'écoule sans qu'aucune tentative ne soit faite.

Cependant la voie était tracée et l'inconnu avait toujours son attrait irrésistible; l'île entrevue laissait soupçonner des trésors qui prenaient dans l'imagination des proportions capables de tenter des spéculateurs hardis.

Ce sont des Français qui eurent le courage de reprendre des explorations à peine commencées et aussitôt abandonnées par les Portugais.

Vers l'an 1635, des Compagnies françaises peuvent s'organiser dans ce but; les travaux de préparation sont longs, ils durent deux années. Enfin ils aboutissent, et, en 1637, les Compagnies, disposant d'un capital suffisant, envoient des agents à Madagascar pour fonder des comptoirs et s'y établir.

C'est de l'époque de ces établissements que datent les droits de la France. Ces droits, que nos nationaux ont payés de leurs travaux et de leur vie, auraient dû être incontestables; mais, ainsi qu'on le verra plus loin, telle n'a pas été l'opinion de l'Angleterre.

Les Anglais n'avaient aucun titre pour manifester une prétention, si petite soit elle; mais ils ne s'arrêtaient pas à un aussi mince détail, ils contestaient hardiment nos droits et sont arrivés sans ménagement à les combattre.

En 1642, le succès des Compagnies était assuré; ses agents et les colonisateurs qu'elles avaient facilités, avaient réussi à s'implanter. Le drapeau de la France flottait fièrement dans ce nouveau pays où elle allait faire œuvre de civilisation.

Aucune objection ne s'élevait en ce moment de la part de l'une quelconque des puissances européennes; le Portugal même qui pouvait, jusqu'à un certain point, poser des revendications, approuva tacitement le fait accompli.

En présence de cet acquiescement, qui ne laissait entrevoir aucun embarras futur, le gouvernement français résolut de favoriser la colonisation.

Richelieu, le cardinal-ministre, prit cette initiative. Il accorda une concession de Madagascar à la Compagnie française des Indes et au nom d'un des agents de cette Compagnie, M. de Pronis.

La concession a été signée par le roi Louis XIII.

M. de Pronis, muni de ce document qui, en le plaçant sous la sauvegarde gouvernementale, le garantissait contre les embarras qu'auraient pu lui suggérer d'autres colonisateurs, le cas se présentant, partit pour Madagascar. Il se livra tout d'abord à une exploration de la côte pour trouver un point du territoire pouvant convenir, par les avantages de sa situation géographique et de son sol, à favoriser ses travaux de colonisation. La baie de Manghéfia, au Sud-Est de l'île, semblait répondre à ses désirs.

Il rencontra là un petit port naturel admirablement abrité; une jolie plaine, fertilisée par des cours d'eau qui la sillonnaient, enfin une immense forêt riche en grands arbres et en végétations de toutes sortes. Ce coin de terre devait fournir à l'explorateur un endroit réunissant toutes les conditions désirables de ressources pour y fonder le premier établissement.

Les naturels ne furent qu'étonnés de l'invasion de cette petite troupe d'étrangers, mais ils accueillirent assez bien l'agent de la Compagnie française et ses compagnons. Malheureusement une chose n'avait pas été prévue : ce site si charmant était mortel ; la fièvre qui y sévissait fit bientôt dans la colonie des ravages considérables. Cependant la place était bonne, on voulait quand même la conserver, espérant que, petit à petit, on finirait par s'acclimater, et, en prenant les précautions usitées en pareilles circonstances, on donnerait en attendant moins de prise aux fièvres.

Entre temps, les travaux ne marchaient que lentement ; les colons, malgré un régime sévère et les remèdes préventifs, mouraient les uns après les autres. On résistait quand même, les morts étaient remplacés par d'autres travailleurs qu'envoyait la Compagnie des Indes. Les nouveaux arrivants ne résistaient pas davantage que leurs devanciers ; ils fournissaient tout simplement au fléau le moyen de faire d'autres victimes.

La lutte contre l'élément dévastateur devenant impossible, il fallut, bon gré, mal gré, y renoncer et se retirer.

La baie de Mangliefia fut donc abandonnée.

Les exploiteurs continuèrent à descendre vers le Sud, à la recherche d'un coin de terre moins dangereux, partant plus habitable. Ils finirent par s'arrêter dans le pays des Antanosi, tout à fait au Sud-Est. L'expérience ayant démontré que cette nouvelle résidence, bien moins malsaine que la précédente, était habitable, on s'y établit définitivement

Il s'agissait de fonder ici les établissements et de réparer le temps perdu : On prit d'abord des précautions de défense pour se garantir contre les tentatives de spoliation qui auraient pu être faites, soit par les indigènes, soit par d'autres, et pour assurer le respect du drapeau français. Un fort fut élevé, c'était le premier de l'île; on lui donna le nom de Fort-Dauphin, en l'honneur du Dauphin de France.

Les colonisateurs se mirent résolument à l'œuvre; leurs travaux ne furent pas interrompus cette fois. D'autres colons vinrent se joindre aux premiers, apportant de nouvelles forces, et bientôt une petite ville, où régnait un activité de bon aloi, se trouva fondée. On donna aussi, à la nouvelle ville, le nom de Fort-Dauphin, qu'elle conserve encore.

Le roi des Antanosi, Dian Ramasch, ne vit pas sans appréhensions cet envahissement du territoire de son royaume. Les homme blancs, ou faces pâles, qui s'étaient précédemment arrêtés dans son pays, s'y étaient livrés à une chasse à l'homme et lui avaient ravi bon nombre de ses sujets dont ils avaient chargé leur navire. Ce n'était pas fait pour lui inspirer une grande confiance. Aussi se méfiait-il et s'apprêtait-il à la résistance.

Les nouveaux arrivants continuaient leurs travaux, traitant les naturels avec douceur, dans leurs relations, leur rendaient même des services et cherchaient à se les attirer.

Dian Ramasch, en présence de ces procédés pacifiques, calme ses craintes et bientôt il n'éprouve plus aucun déplaisir contre cette tentative de colonisation. Il en arrive à considérer qu'il allait y trouver un moyen de consolider et d'agrandir sa puissance, ce qui est on ne peut mieux apprécier pour un roi sauvage. Dans cet espoir, il accueille les colonisateurs avec une extrême bienveillance, les favorise et les seconde dans leurs efforts. Nos droits de cité sont bientôt acquis, du consentement même des indigènes chez lesquels nous nous imposons.

Il était bien facile, après ce premier succès, de se maintenir et de pénétrer à l'intérieur avec les mêmes avantages; la prospérité que nous apportions à Antanosi, dont les habitants sentirent bientôt l'influence bienfaisante, nous donnait un prestige qui se serait rapidement propagé dans tout le Sud, puis le Centre et enfin le Nord.

Malheureusement, l'humanité est enlaidie par de nombreuses faiblesses auxquelles les hommes ne savent pas résister : c'est l'histoire vraie, toujours actuelle. Quand l'homme a acquis ce qu'il désire, il s'empresse de désirer autre chose ; il devient irréfléchi ; il oublie toute prudence, tout devoir, et il tombe. C'est ce qui devait arriver, et quelque contrariété que nous en éprouvions, puisqu'il s'agit de nos compatriotes, nous devons faire un aveu, car l'histoire où qu'elle s'écrive, doit toujours être vraie : Les colons, M. de Pronis avec eux et même plus qu'eux, grisés par le succès, ont complètement manqué de sagesse et de perspicacité. Au lieu de s'attacher exclusivement à faire œuvre colonisatrice et de civilisation, comme le leur imposaient le devoir et le patriotisme, ils se sont laissés dominer par un sentiment de lucre fort déplacé et très coupable en la circonstance. Dès lors, le but ne fut plus poursuivi, la fondation d'établissements sérieux a été absolument négligée pour ne songer qu'à la constitution d'une fortune personnelle et rapide.

D'autres Européens étaient venus à Fort-Dauphin; une lutte déplorable s'engagea entre les colons, suscitée par la jalousie et l'esprit de rapines.

Le roi Dian Ramasch voit renaître ses craintes primitives, il croit s'être trompé en favorisant les colonisateurs; ces divisions, dont on lui donne le spectacle, l'apeurent de plus en plus, il s'empresse de prendre des dispositions pour chasser tout le monde. Ce que voyant, les colons, qui ne veulent pas partir, poussent les tribus à se faire la guerre, et ce n'était point difficile puisque les tribus se jalousant instinctivement, ne demandent qu'à s'entr'égorger et à s'entrevoler. A la faveur de ce désordre, qui oblige les Antanosi à se défendre contre les tribus voisines, les colons font leurs affaires personnelles, ils ne répugnent pas même d'enlever des nègres pour aller les vendre aux îles Mascaraignes. Les tribus cependant voient leur tactique, elles ne sont plus dupes et, s'unissant, elles se tournent contre eux. La débâcle commence, l'échec s'affermit. Les colons vaincus, écrasés, n'ont plus qu'à défendre leur vie, mais tout ce qui a été fait est perdu.

Cet essai, qui aurait dû être si fécond, au double point de vue moral et matériel, se termina ainsi piteusement, à la honte des colonisateurs, et il coûta fort cher.

Nous devons convenir, pour ne laisser à M. de Pronis que la part qui lui incombe dans cette fâcheuse équipée, que les perturbations, le vol, la vente des esclaves, comme les violences, ne lui sont pas surtout imputables, pas plus qu'aux autres Français. Leur conduite est blâmable, c'est certain, puisqu'ils ont oublié leur devoir; mais il est nécessaire, en toute équité, d'en distraire la responsabilité des faits qui appartiennent à des colons étrangers à la France. D'ailleurs, justice fut faite des infamies commises; les vrais coupables ont été punis.

A la suite de ces événements, les Français continuent quand même à demeurer à Fort-Dauphin; mais, tenus en suspiscion, ils n'y font pas grand'chose et ne regagnent pas facilement la confiance qu'ils avaient si imprudemment perdue. La Compagnie des Indes, dont les intérêts étaient engagés, estime justement qu'elle ne doit pas abandonner l'œuvre entreprise et dont l'insuccès relatif n'est dû qu'à la gestion mal comprise de son agent.

Il n'était pas admissible, en effet, que l'on se résolve à perdre, sans faire un effort pour le conserver, le résultat d'un travail qui avait coûté la vie à tant d'hommes et d'aussi grosses sommes d'argent. Puisque les Français étaient quand même admis à résider à Port-Dauphin, d'où d'ailleurs ils ne consentiraient pas à partir, c'est que la confiance perdue auprès des indigènes pouvait être regagnée par les mêmes procédés qui avaient été employés au début de la colonisation. Il s'agissait de trouver des hommes moins faibles, comprenant mieux l'importance de la mission civilisatrice qui leur serait confiée pour la conduire à meilleure fin.

La Compagnie des Indes, après quelques années d'une observation qui ne fut pas inutile, organisa une nouvelle expédition et envoya un nouveau délégué, M. de Flacourt, pour reprendre les travaux de M. de Pronis et les conduire selon l'esprit d'une colonisation pratique.

Le nouvel agent possédait, mieux que son prédécesseur, les principes de colonisation; il se considérait plutôt comme un civilisateur. La question d'intérêt personnel n'est pas dans son esprit. Très pieux, il se fait accompagner à Fort-Dauphin par plusieurs missionnaires, que conduisait l'abbé Macquart ou Macquet.

M. de Flacourt s'appliqua surtout à faire aimer la France et à faire des conversions au catholicisme; le côté moral de la civilisation était l'esprit dominant chez lui, il s'y attachait avec passion et peut-être un peu avec une intransigeance fâcheuse ce dont il eut à se repentir bien des fois.

Pendant les premières années de son administration coloniale, escorté de ses missionnaires, il parcourut le pays, chercha à convertir les indigènes, à soumettre des tribus; il réussit parfaitement et quelques peuplades lui promirent l'obéissance.

Malheureusement, pour le caractère du civilisateur et pour la cause au service de laquelle il dépensait ses efforts, la persuasion n'est pas toujours seulement employée pour convaincre les naturels; il s'abandonne, en certaines circonstances, à des excès de violence bien étrangers aux principes de la foi chrétienne qu'il prétend pratiquer. Les indigènes ne comprennent pas toujours et les missionnaires et leur directeur; naturellement rebelles à ce qu'ils ignorent, il fallait, pour le leur apprendre, la persévérance patiente de l'apostolat. Or, nous l'avons dit déjà, M. de Flacourt laissait facilement ses sentiments passionnels dominer son caractère, il n'admettait pas la révolte quelque naturelle qu'elle puisse être; quand elle se manifeste, il devient alors autoritaire, parfois cruel; il impose par la force ce qu'il désire. Dans l'orgueil de ses petites victoires il se plaît assez à faire s'humilier les révoltés domptés en les obligeant à demander grâce et à s'agenouiller devant lui.

Souvent M. de Flacourt, pour en imposer aux indigènes, procédait à des cérémonies quelque peu ridicules : Assis sur un siège comme sur un trône, le bâton du commandement à la main, entouré de ses soldats et de ses missionnaires, superbe, il faisait faire le serment de fidélité et d'obéissance à ceux qu'il avait soumis. Les malheureux Malgaches, qui ne comprenaient absolument rien à ce qu'on leur voulait, faisaient néanmoins tout ce qu'on leur demandait, s'agenouillaient et répétaient les paroles qui leur étaient dictées.

Ce devait être un spectacle curieux de voir ces pauvres gens, tout nus, venir se rouler aux pieds de ce roi d'un genre particulier, bredouiller des paroles dont ils exprimaient l'ignorance par des grimaces. Ces palinodies, qui avaient pour but de faire reconnaître l'autorité de l'agent de la Compagnie des Indes, ne devaient pas exercer une grande influence sur l'esprit de ceux que l'on y obligeait et qui obéissaient machinalement.

Cependant, et c'était à prévoir, ces procédés, tout en obtenant des résultats par des soumissions, ne laissèrent pas de faire germer, dans l'esprit des vaincus, des pensées de révolte. Finalement, on se défendit contre les mauvais traitements bénévolement acceptés jusqu'alors; les désordres qui s'étaient produits avec M. de Pronis se renouvellent, mais, cette fois, avec plus de résolution et plus de colère. M. de Flacourt subit les représailles terribles de ses actes d'autorité excessive; il faillit, plus d'une fois, payer de sa vie les exagérations de son fanatisme.

Néanmoins, sous cette direction, on peut constater des progrès réels.

La Compagnie des Indes croit devoir envoyer des renforts à son agent, dont elle appréciait les procédés, et pour activer la colonisation, qui paraît se faire assez bien. Elle organise donc une nouvelle caravane de colons dont elle confie la conduite à un troisième agent, M. Charmagou. Ce dernier, homme aussi très pieux, ne vient pas non plus seulement avec ses colons, un autre groupe de missionnaires, ayant à leur tête le Père Étienne, dont la mort tragique reste consignée dans l'histoire, l'accompagne.

Le nouveau chef, à l'esprit d'intolérance qu'il possède au suprême degré, joint une fierté excessive et est, en outre, quelque peu méchant. Dès son arrivée, il est immédiatement antipathique dans le pays. Avec lui, l'ère de la civilisation par la violence, pressentie par M. de Flacourt, commence réellement. Il veut imposer de dures volontés au roi Dian Manangue; celui-ci, lassé des procédés dont les conséquences menacent de détruire complètement son prestige déjà compromis, ne les accepte pas. M. Chamargou, dans l'aveuglement de sa colère, ne comprend pas qu'il est préférable de recourir aux moyens de conciliation, il s'entête et essaie de la persécution. Dian Manangue, exaspéré, s'entête aussi; il en appelle aux indigènes, il leur présente ces étrangers comme des spoliateurs qui en veulent à leurs biens et à leur vie, leur rappelle les pillages et les violences qui eurent lieu sous la maîtrise de M. de Pronis, les humiliations et les actes d'autorité arbitraires de M. de Flacourt et les pousse à la révolte. Après les avoir convaincus, ce qu'il fait sans peine, il les réunit, se met à leur tête et résolument déclare la guerre en commençant immédiatement les hostilités.

Les colonisateurs ne s'attendaient pas à une telle résolution. Surpris de cette brusque attaque, ils se retirent à l'intérieur de Fort-Dauphin pour préparer les moyens de se défendre. Les indigènes les poursuivent, ils cernent Fort-Dauphin et en font le siège en règle.

Les assiégés essaient de tenir tête, mais les vivres sont arrêtés par les assaillants et ne rentrent plus dans la ville; ils tentent des sorties désespérées, c'est en vain, les assiégeants sont trop nombreux, ils restent les plus forts. Pour comble de malheur, la faim et la maladie font de grands ravages dans la ville, qui est bientôt réduite.

Un massacre épouvantable était à prévoir et déjà les vaincus s'apprêtaient à mourir en vendant chèrement leur vie, lorsque l'intervention d'un colon, Lacaze, qui, ayant eu à se plaindre de l'agent de la Compagnie des Indes, s'était enfui et avait pu gagner la confiance de Dinan Manangue, les sauva de la mort.

CHAPITRE IX

Les Missionnaires

Pendant ce temps, le Père Étienne et sa mission, qui parcourent les tribus, ont, de leur côté, à essuyer la colère des indigènes ; sans armes, peu nombreux, et, par conséquent, impuissants à se défendre, ils sont tous impitoyablement massacrés.

Le Père Étienne, lorsque la mission est attaquée, vient de célébrer la messe ; il est encore revêtu de l'aube et de l'étole, il a sur la tête son bonnet carré. Lorsque les massacreurs s'avancent, devinant leurs intentions hostiles, il ordonne à ses compagnons de fuir ; quant à lui, insouciant de sa vie, il s'élance résolument au devant du danger en levant les bras vers le ciel. Cette attitude étonne d'abord les indigènes ; ils s'arrêtent, lui s'avance toujours, il les rejoint, mais avant qu'il ait pu prononcer une seule parole, un coup de sagaie le renverse. En un instant, il est dépouillé de ses vêtements et son corps est mis en lambeaux.

Les autres missionnaires n'ont pas fui; ils suivent le Père Étienne dont ils ne peuvent ainsi accepter le sacrifice; ils sont aussi massacrés. Les membres sont violemment séparés du tronc, les têtes sont coupées et piquées sur la pointe des sagaies; les bras, les jambes, les intestins, qui ont été arrachés, et les autres parties du corps des victimes sont également fixées sur des sagaies. Les massacreurs poussent des cris de joie; ils élèvent leurs trophées, dégouttant de sang, épouvantables, hideux, reliques des apôtres du Christ morts pour la sainte cause de la divinité et de la civilisation, et s'en vont rechercher d'autres victimes.

Plusieurs historiens n'ont pas craint de reporter sur les religieux qui avaient accompagné les délégués de la Compagnie des Indes une grosse part de la responsabilité des événements malheureux dont l'île africaine a été le théâtre. Il est facile de constater que ces historiens ont eu leur bonne foi surprise. Une accusation doit au moins avoir une base quelconque; où est-elle, ici, cette base?

Les religieux n'ont cherché, ni à seconder les efforts des spéculateurs, ni à faire fortune, et cette justice leur a été au moins rendue. Ils se bornaient, avec un dévouement et une abnégation de soi-même que la foi seule peut inspirer, à conduire vers Dieu les indigènes qui l'ignoraient. Ils n'ont jamais eu d'autres armes, pour combattre l'ignorance et éclairer ces esprits plongés dans les ténèbres, que la parole et les bons traitements. Souvent victimes des brutalités des sauvages, la bonté, que leur imposait le caractère dont ils étaient revêtus, ne s'est pas même départie par une impatience. Résignés aux éventualités les plus pénibles, même à la mort, ils accomplissaient

M. Félix FAURE, Président de la République française

leur mission, toute de charité, sans se préoccuper du côté matériel, cause des dissentiments qui firent naître tant de complications malheureuses.

On les a accusés d'intolérance, eux qui ne cherchaient que paix et conciliation; et en quoi auraient-ils pu être intolérants puisqu'ils cherchaient à gagner les cœurs. Pauvres, n'ayant pour toute richesse que leurs prières, pour toute ambition le sauvetage des âmes, ceux qui ont pu revenir n'avaient pas d'autres bagages, les autres sont morts. L'évidence de ces considérations dispense certainement d'accueillir les insinuations perfides faites à l'égard des missionnaires qui ont accompagné MM de Pronis, de Falcourt et Chamargou; elles sont autant d'injures gratuites. Cependant, puisque d'autres ont essayé de ternir les gloires de ces héros du christianisme, il est tout naturel que, quand l'occasion se présente, on leur dise qu'ils se sont trompés. Mais c'est ternir la pureté du lys que de regarder la vie des missionnaires sans se découvrir en un sentiment de profonde et respectueuse admiration.

Ces hommes, dont beaucoup sont nés dans un berceau doré, pouvaient choisir une position qui leur eût procuré honneur et considération, ou occuper dans le monde la place à laquelle leur donnait droit leur fortune; ou encore vivre, plus modestement, d'un labeur quelconque, mais toujours heureux, appuyés sur des affections au sein de leur famille, entourés d'amis, vivre enfin.

Au lieu de cela, ils abandonnent tout : la jeunesse et la vigueur qu'ils possèdent, les connaissances qu'ils ont acquises, leur vie, ils les mettent au service d'une cause sublime, la cause de Dieu et de l'humanité, et un jour, abandonnant toutes les joies, tous les bien-être, ils partent.

C'est vers l'inconnu que leurs pas se dirigent, ils n'ignorent pas que cet inconnu est terrible d'éventualités dangereuses ; toutes les misères les attendent : la faim, la soif, les intempéries. Toutes les tortures les menacent, le martyre, puis la mort ! Mais que leur fait tout cela, il s'agit de soulager les misères des autres, de porter la consolation, de faire connaître, à ceux qui l'ignorent, le Créateur et ses admirables préceptes d'amour ; il s'agit enfin de sauver !

Qu'espèrent-ils en récompense d'une pareille abnégation de soi et d'un courage aussi grand ? Rien ici-bas, pas même les félicitations, la reconnaissance de l'humanité pour laquelle ils sacrifient leur vie. Rien qu'en l'Au-Delà.

Et on voudrait esssayer de ternir ces gloires !

Nous avons connu beaucoup de missionnaires, mais un plus particulièrement, bon vieillard retiré au château de la Castille où, malgré son grand âge, il remplissait les fonctions d'aumônier. Nous lui demandions souvent de nous parler de ses lointains voyages en Extrême-Orient, où s'était écoulée presque toute sa vie. Combien de fois nous avons pleuré avec lui quand il nous contait les affreux détails de la mort de plusieurs missionnaires où il avait assisté, en attendant son tour d'être supplicié. Il n'a échappé à une mort violente que par miracle.

Un jour, qu'avec un prêtre comme lui, ils s'enfonçaient dans les sombres mystérieux d'une forêt des Indes, ils se trouvent, tout à coup en présence de deux sauvages à l'aspect menaçant. Sans crainte, ils continuent à avancer, souriants et en faisant des gestes amicaux ; les Indiens poussent de grands cris, se précipitent sur eux et les entraînent. Les missionnaires n'opposent aucune résistance, ce qui d'ailleurs eût été bien inutile avec ces athlètes. Continuellement exposés à ces sortes d'attaques, ils en avaient déjà subi de pareilles, et non seulement il ne leur était rien arrivé de fâcheux, mais avaient encore eu la joie de pratiquer leurs enseignements. Ils marchaient donc dociles, entourés de leurs gardiens qui dansaient et continuaient à crier.

Ils furent conduits dans un fourré où se trouvaient de petites cases dans le genre des gourbis africains. Là, assis par terre et semblant deviser, se trouvaient d'autres sauvages. On les conduisit devant celui qui paraissait le plus âgé et qui devait être le chef; celui-ci les examine longuement, puis, se tournant vers ses compagnons, leur adresse quelques paroles. Immédiatement une conversation vive, animée, à laquelle tous prennent part, en faisant de grands bras, s'engage. Tout en parlant, les Indiens entourent les missionnaires, ils les tâtent par tout le corps, puis, avec des gestes horriblement expressifs, font parfaitement comprendre qu'ils ont envie de les manger.

« C'était épouvantable, me disait le vieux missionnaire, mon confrère et moi ne pouvions plus espérer d'être sauvés, nous étions tombés entre des mains d'anthropophages! Déjà nous avions eu la douleur de voir quelques-uns des nôtres devenir les victimes de ces êtres féroces et nous ne conservions aucune illusion sur le sort qui nous était réservé.

« Cependant, ce qui nous surprit beaucoup, au lieu de nous tuer immédiatement, les sauvages avaient repris leur bruyante conversation. Nous croyions qu'ils délibéraient sur le genre du supplice qu'ils nous appliqueraient pour nous faire mourir. Nous étions résignés à notre sort et déjà nous demandions à Dieu la force de supporter la torture et de nous recevoir. Contre notre attente, on ne nous fit aucun mal; tout en continuant de nous tâter et en faisant semblant de nous mordre avec leurs grandes dents, ils nous poussent dans l'une des cases devant laquelle deux d'entre eux se placent en sentinelle pendant que les autres se dispersent dans la forêt en laissant là, toutefois, les femmes et les enfants.

« N'entendant rien à leur langage, nous n'avions compris qu'une chose, c'est que nous allions être mangés ; notre perplexité devint très grande en voyant qu'on nous laissait la vie sauve.

« Dans notre prison de paille, où nous pouvons à peine nous tenir assis, nous nous livrons à toutes les conjectures. J'avance doucement la main que je pose sur l'épaule de l'un des gardiens ; il la saisit, se retourne brusquement et me regarde avec des yeux effrayants sans me lâcher ; de l'autre main je lui tapote sur le bras, il se laisse faire ; enhardi, je l'embrasse. Il quitte alors ma main et se met à me regarder avec moins de férocité. Mon compagnon imite mon exemple avec l'autre sauvage ; comme nous faisons mine de sortir, ils ne s'y opposent pas. Nous sortons à la hâte, ce qui nous fut un grand soulagement car on respirait, dans le réduit où nous étions enfermés, une odeur insupportable d'huile et de graisse corrompues.

« Les femmes et les enfants recommencent à crier et à nous tâter ; enfin le calme se rétablit et, par signes, nous essayons d'engager une conversation. Après de longs efforts nous finissons par comprendre pourquoi nous n'avions pas été tués tout de suite : nous étions trop maigres, on allait d'abord nous engraisser !!

« Cette perspective n'était, certes, pas faite pour nous réjouir le cœur. Aussi les réflexions que nous échangeâmes, mon compagnon et moi, étaient-elles tristes.

« Les autres sauvages reviennent avec des vivres, du gibier et des fruits ; ils nous offrent tout cela en nous engageant à manger. Nous avions très faim, mais la circonstance était tellement pénible que nous ne pouvions accéder à ce désir de nos futurs bourreaux. Cependant notre résolution est bientôt prise, puisque c'était là la destinée que Dieu nous avait faite, nous nous y résignons et, à la grande joie des

Indiens, nous mangeons quelques fruits, puis, résolument, tout ce qui était nécessaire à la satisfaction de notre appétit.

« Cette situation dura de longs jours. Peu à peu la familiarité s'établit entre les sauvages et nous ; nous comprenions quelques mots de leur langage et nous en profitions pour essayer de leur faire comprendre le Créateur ; nos prières les intriguaient beaucoup. Les femmes et les enfants les suivaient avec une certaine attention et commençaient de les répéter, mais à la façon des perroquets, sans comprendre ; les hommes eux-mêmes finirent par se laisser entraîner par ce mouvement.

« Toutefois, l'idée de nous manger ne sortait pas de ces esprits incultes et on ne cessait, tout en nous mimant et en nous répétant, de nous tâter. Naturellement nous n'engraissions toujours pas ; ce qui semblait désespérer le chef.

« Un jour, pendant que tout le monde était réuni et que le soleil disparaissait derrière les grands arbres, jetant sur la forêt des lueurs d'incendie, j'ai comme une inspiration, c'était certainement une inspiration divine, puisque je lui dois de vivre encore, j'entonne un cantique à la sainte Vierge, mon compagnon suit mon exemple. Les sauvages se taisent pour nous écouter, le chef s'avance lentement vers moi, en rampant, il pose son visage presque sur le mien. Tout à coup, il me souffle dans la bouche, puis, avec un bond prodigieux, il se lève et se met à gambader ; tous les autres l'imitent. On eût dit une troupe de possédés. Quand nous cessons de chanter, ils nous font des signes extravagants pour nous engager à continuer en criant à tue-tête les noms de Jésus, Marie, Dieu, que nous leur avions appris.

« Profitant de ces dispositions, nous nous levons et faisons quelques pas dans la direction qui conduit hors de la forêt ; ils ne s'y opposent pas, mais ils nous suivent. Nous continuons, toujours en chantant. Nous atteignons enfin la lisière du bois, on nous laisse partir. »

Le bon religieux est revenu dans la forêt bien des fois ; non seulement on ne lui a jamais fait de mal, mais encore on le comblait de présents et il a eu la consolation d'emmener deux petits sauvages qu'il a civilisés.

Mais si celui-là a pu avoir la vie sauve, combien d'autres sont morts dans des tortures épouvantables et combien les dangers auxquels s'exposent les missionnaires sont grands.

Eh bien! c'est à cette noble phalange qu'appartenaient les missionnaires venus à Madagascar avec les explorateurs. Nous avons vu ce qu'il était advenu du Père Étienne et de sa mission ; leurs prédécesseurs n'ont non plus pas cessé d'être exposés à des morts aussi atroces et beaucoup d'entre eux ont péri.

Les explorateurs ont souvent cherché à excuser l'insuccès de leurs tentatives en arguant l'insalubrité du climat et de l'impossibilité qu'il y avait à pénétrer à l'intérieur de l'île ; à cet égard, les raisons pouvaient être acceptables ; mais que l'on veuille faire assumer la responsabilité des désordres qui ont surgi aux missionnaires, on ne peut comprendre cela.

Les premiers qui ont affronté les inconnus de cette terre, ce sont les missionnaires ; ce sont eux qui ont semé dans les esprits bestials des indigènes les germes civilisateurs qui ont permis de les approcher ; c'est très souvent en suivant la trace du sang qu'ils ont répandu que l'on a pu faire des découvertes.

Quels profits personnels espéraient-ils et en ont-ils réalisé? Quelles convoitises avaient le Père Étienne et les membres de sa mission? Ils ont été massacrés, c'était leur lot ; mais avant de mourir, ils avaient accompli l'œuvre de charité qui a profité à l'humanité, qui profitera à la patrie.

D'autres missionnaires, ceux desquels nous avons déjà parlé, ont permis, par leur conduite, de formuler des jugements sévères; ils nous sont étrangers; d'ailleurs, à l'époque des périls, ils n'étaient pas là, et ce n'est qu'après, longtemps après, qu'ils y sont venus, en toute sécurité; pour glaner, catéchiser, anglicaniser.

CHAPITRE X

Historique, les Anglais

L'INTERVENTION de Lacaze n'arrête pas pour longtemps la fureur des indigènes; ceux-ci, un instant calmés, reviennent bientôt à leur décision de chasser les étrangers; ils veulent, à leur tour, imposer leur volonté et commander en maîtres; mais les colonisateurs, qui n'ont pas perdu l'espoir de reconquérir leur prestige, résistent. Alors, les rois des différentes tribus unissent leurs efforts et recommencent la guerre avec plus de fureur. Fort-Dauphin est de nouveau mis en état de siège.

Ce siège est une belle page héroïque; il conserve intacte la dignité nationale : Pendant plusieurs années les assiégés supportent toutes les tortures, toutes les misères, mais ne songent pas un seul instant à se rendre et ils ne se rendent pas. Épuisés par la maladie et les privations de toutes sortes, ils résistent quand même, puis ils meurent sans jamais demander grâce, luttant toujours jusqu'au dernier soupir !

Ces héros étaient bien des Français.

Chamargou, périt dans cette guerre, il a racheté par son courage, les erreurs de ses emportements ; s'il a mal compris son devoir comme administrateur, il a accompli jusqu'au bout son devoir de soldat français. Il n'a pas cherché à se soustraire à ses responsabilités, il est mort en combattant ; le prestige moral reste intact.

Ces événements, qui se passent en 1670, provoquent encore une fois l'abandon de Madagascar ; ils coûtent à la France des sommes énormes, des soldats et ne lui ont laissé, comme résultat, qu'une expérience chèrement payée.

Si encore l'expérience acquise à ce prix avait servi à quelque chose, c'eût été peut-être une satisfaction ; mais elle est devenue inutile, ce qui fait qu'il ne reste rien, rien que le souvenir et peut-être des regrets.

Durant près d'un siècle encore, aucun nouvel effort n'est fait. On ne songe plus à coloniser de ce côté ; les seuls visiteurs que reçoit Madagascar sont, comme ceux qui y venaient après les Portugais, des pirates, des marchands d'esclaves ou des navigateurs égarés.

Le gouvernement français, toutefois, ne se désintéresse pas complètement, et, durant cette période d'accalmie, il rappelle souvent nos droits conquis sur cette île par le sang et l'argent français.

La Compagnie des Indes, tenace, ne renonce pas non plus à la possession ; elle cherche des moyens moins compliqués de la reprendre.

En 1750, elle se décide de nouveau à exécuter ses projets.

Considérant qu'elle ne pourrait immédiatement prendre pied sur le territoire malgache, elle vient s'établir à l'île Sainte-Marie, c'est-à-dire très loin de Port-Dauphin. La génération qui avait fait la guerre était à peu près disparue ; le moment pouvait sembler propice.

Le gouvernement français, de son côté, juge à la même époque, le moment opportun, de faire une nouvelle expédition colonisatrice ; il estimait que l'on ne peut ainsi renoncer sans faire un suprême et dernier effort, à une conquête qui a coûté au pays tant de sacrifices d'argent et de soldats. Le duc de Praslin, alors ministre, prend l'initiative : il insiste beaucoup auprès du roi pour qu'une expédition soit faite. Louis XV, sur ces instances pressantes, se décide enfin à la favoriser et désigne lui-même M. de Modave pour la conduire.

Le ministre cependant se souvient des exploits de MM. de Pronis, de Flacourt et Chamargou. La leçon avait été dure, elle devait au moins servir. Il ne veut pas que l'envoyé du roi tombe dans les erreurs passées et compromette les résultats de la nouvelle tentative. M. de Modave semble bien posséder les qualités nécessaires pour l'accomplissement de la mission qui allait lui être confiée ; mais lorsqu'il se trouverait à Madagascar, en relation avec les indigènes, n'y avait-il pas à craindre que, pour son prestige, il se laisse aller à des actes d'une autorité violente ? Les précédents chefs auxquels on avait confié des expéditions semblaient de même répondre, par leur caractère et leurs connaissances, aux besoins de la cause, et cependant ils se sont trompés. Et puis, une foule d'autres considérations rendaient le ministre très circonspect. Il voulait se précautionner et éviter autant que possible le reproche d'une imprudence de sa part ; aussi ne laisse-t-il pas à M. de Modave la liberté de son initiative, pour conduire l'expédition. Il en règle toutes les conditions, en établit le programme, limitant la volonté du chef de l'expédition aux circonstances éventuelles et de force majeure qui ne peuvent pas être prévues.

Le corps expéditionnaire ne devait user d'aucun moyen de violence sans y être contraint par une circonstance absolue, qu'aurait imposée les dangers. Il devait chercher surtout, et avant tout, à se faire aimer par les indigènes, les intéresser à son œuvre de civilisation et reconstituer, avec eux, les établissements détruits. Eviter, par tous les moyens, des querelles avec les autres Européens qui ne manqueraient pas de venir, ou, si cela était nécessaire, de vider ces querelles à l'insu des naturels.

D'ailleurs, le duc de Praslin eut le soin de composer la mission d'une façon toute spéciale : il ne choisit que des hommes pacifiques, des ouvriers, des agriculteurs, mais surtout des patriotes qui comprenaient bien leur devoir et devaient l'accomplir sans faiblesse, comme sans rigueur.

Les choses préparées avec une telle sagesse donnaient une quasi certitude de succès.

M. de Modave et ses compagnons partent; ils se dirigent vers Fort-Dauphin, non sans quelques appréhensions sur l'accueil qu'allaient leur faire les Antanosi. Le débarquement s'opère sans incident aucun ; l'allure des immigrants n'ayant rien de provocateur, les indigènes ne se livrent à aucune manifestation hostile. Au contraire, après un court séjour, la confiance se rétablit et les colonisateurs peuvent se mettre sans embarras à leurs travaux.

Dès lors, tout alla bien ; Fort-Dauphin est reconstitué et occupé militairement ; un mouvement commercial peut même être commencé.

Pendant ce temps, les comptoirs européens, que les agents de la Compagnie des Indes installent à l'île Sainte-Marie, se développent et progressent; les immigrants, bravant l'insalubrité du pays, y viennent très nombreux. Malheureusement, à Sainte-Marie, les précautions n'ont pas été prises comme à Fort-Dauphin ; les Européens se jalousent bientôt pour les choses d'intérêts particuliers. Les scènes de pugilat se renouvellent, le pillage se réorganise et le désordre recommence. Les colons ainsi divisés ne songent plus qu'à eux-mêmes, l'avenir de l'île ne les intéresse plus, non seulement ils se volent mutuellement pour se constituer une fortune rapide et partir, mais encore ils s'en prennent aux indigènes qu'ils tentent de dépouiller. Ils font le sac des cases et s'emparent de ce qui s'y trouve. Ils tentent même de recommencer la chasse à l'homme, de capturer des esclaves pour aller les vendre aux îles Mascaraignes ou ailleurs.

Il est évident que ces procédés devaient conduire à un dénoûment fatal.

Les indigènes, de nouveau, victimes de ces compétitions, finissent par se révolter, et la prospérité de l'île se trouve arrêtée par une insurrection épouvantable au cours de laquelle les perturbateurs sont impitoyablement massacrés. Toutefois, ces troubles ne sont pas de longue durée ; des représailles énergiques en ont raison et rétablissent promptement le calme, réconciliant tout le monde.

A partir de ce moment, Sainte-Marie entre réellement dans la voie progressive et son commerce ne tarde pas à reprendre un certain développement.

Du côté de la Grande-Terre, les choses vont toujours assez bien ; la mission de M. de Modave se continue sans encombre et progressivement, quoique lentement ; il monte la côte vers le Nord.

A un moment donné, cependant, un événement, toujours à prévoir dans les pays incivilisés, faillit compromettre ce succès.

Le roi de Tamatave, poussé par une influence jalouse, déclare la guerre au roi de Foulpointe ; le désordre, venant alors de la part des indigènes, est sur le point d'éclater, mais la France intervient pour mettre le holà assez à temps ; elle envoie son escadre et oblige les deux rois à demeurer tranquilles.

Cette intervention tourne à notre avantage ; elle nous permet d'occuper militairement les deux villes pour le maintien de l'ordre.

A partir de ce moment, tout est pour le mieux, et ce mieux se continue jusqu'en 1815. Les indigènes acceptent docilement la tutelle de la France, ils s'en trouvent fort bien. On peut espérer que la conquête est définitive, que les travaux de colonisation ne seront pas autrement gênés.

On ne connait encore, de Madagascar, qu'une partie de la côte Est, les conflits ne permettant pas plus aux explorateurs, d'ailleurs assez rares à ce moment, qu'aux colonisateurs ou aux missionnaires, de pénétrer à l'intérieur. Le gouvernement jugeant les circonstances convenables, se propose de faire explorer l'île ; il envoie même dans ce but, d'assez nombreux agents. Mais les découvertes ne répondent pas aux espérances, elles sont assez pauvres, à cause des grandes difficultés que présente l'exploration dans un pays presque impraticable et habité, dans ses inconnus, par des peuplades à l'abord dangereux. Il est évident que l'on eût pu faire mieux, mais on ne l'a pas fait.

En 1815, l'île de Madagascar réveille les convoitises de l'Angleterre.

C'était fatal, l'Angleterre jalouse toujours les puissances qui font des annexions de territoire et augmentent ainsi leur prépondérance. Elle semble considérer que c'est là un privilège exclusivement anglais. Aussi, dès qu'elle voit des travaux commencés dans ce sens, son attention s'attache et avec une prudence impassible, elle attend le moment favorable pour intervenir.

Général ZURLINDEN, Ministre de la Guerre

Ici plus qu'ailleurs, les convoitises de l'ambitieuse contrée devaient être éveillées : L'île de Madagascar, par sa situation, présente la plus importante station sur le chemin des Indes. Les Anglais pouvaient, en effet, considérer comme une atteinte à leur suprématie sur les mers la prise de Madagascar par une autre nation, mais elle ne fait rien pour la prévenir, c'est probablement trop hasardeux, et en matière commerciale, il faut limiter les risques; elle attend. La grosse besogne est faite maintenant, il n'y a plus de très grands risques à courir, alors profitant des circonstances qu'elle juge désormais favorables pour intervenir, elle intervient.

Elle veut aussi avoir ses postes, ses échelles, ses débouchés, ses droits enfin sur une terre qui peut contribuer au maintien de son prestige maritime et lui procurer des éléments pour son commerce.

Les Anglais viennent donc à Madagascar sans autre formalité; ils débarquent tout fiers à Port-Luques. L'essai n'est pas heureux pour eux, les habitants de ce territoire, point du tout sociables, n'acceptent pas ces importuns qui viennent, la verge à la main, s'imposer en maître; ils le leur manifestent. Les autres résistent; leur résistance ne fait qu'aiguillonner les colères, on se bataille à outrance, et finalement les colons des bords de la Tamise sont massacrés jusqu'au dernier.

Certes, cet échec n'est pas fait pour encourager, mais les Anglais ne se découragent guère quand ils ont résolu quelque chose; la décision d'occuper aussi Madagascar est prise, ils n'y renoncent pas. Chassés de Luques, ils cherchent tout simplement un autre point, et ils le trouvent. Cette fois ils n'ont plus de verges à la main, la leçon leur a servi; ils n'ont que des caresses à prodiguer, des promesses à faire. On sent bientôt que leur seconde tentative est un succès.

A partir de ce moment, les événements prennent une tournure nouvelle. Les colons français ne luttent plus contre les indigènes avec lesquels d'ailleurs ils savent conserver des relations, sinon amicales, du moins bienveillantes ; ils ont à se défendre contre des ennemis invisibles, dont ils sentent les attaques, mais qu'ils ne découvrent pas. Ce n'est plus la guerre à coups de fusil ou à coups de sagaie, c'est la guerre dissimulée, astucieuse, patiente, la guerre du serpent qui rampe sous l'herbe, s'approche doucement de l'ennemi sans méfiance, le pique au talon et se sauve.

La même année, le roi des Hovas, Radama, qui jusqu'à ce moment s'était borné à défendre son royaume et à guerroyer les tribus, ses voisines, pour leur voler leurs bestiaux, manifeste des intentions belliqueuses extraordinaires. Il ne rêve rien moins que de conquérir toutes les contrées de l'île et de faire l'unité du royaume par leur annexion ; à devenir en un mot le Napoléon Malgache. C'est ce que pouvait faire supposer le culte que Radama avait pour Napoléon, dont il avait placé l'image dans sa demeure et qu'il vénérait à l'égal d'une image sainte.

Quoi qu'il en soit, on apprend, non sans surprise, que le roi a dans son entourage des agents anglais qui exercent une certaine influence sur son esprit. On est bien plus surpris encore, mais alors édifié, quand le roi entreprenant sa croisade pour soumettre les peuplades du littoral, on le vit à la tête d'une armée à peu près organisée, dont les officiers vêtus comme ceux de l'armée anglaise obéissaient à d'autres officiers anglais, pur sang ceux-là.

La combinaison était ingénieuse : l'Angleterre dirigeant les Hovas, poussait tout simplement ces derniers à faire la conquête de l'île à son profit ; le roi est devenu sa chose sans s'en douter, il ne s'agissait plus que de déloger les Français.

Radama, dont les soldats sont munis d'armes par le soin de ses conseillers d'outre-Manche, a les victoires faciles sur les populations armées seulement de sagaies, de flèches ou de bâtons. Il réduit successivement les Bombetocs, les Sékalaves, les Antavares, les Betsirisaraka, les Betanimènes et encore de nombreuses tribus. Son projet réussissait à merveille ; le royaume était fondé et, par la suite, devait exercer sa maitrise sur toute l'île où il étendrait son unité. La mort du roi empêche la réalisation complète de ce beau projet.

Les Anglais travaillaient avec ardeur à seconder ces efforts qui devaient leur faire accaparer nos privilèges. Lorsque Radama s'empara de Tamatave où nous n'avions pas eu la précaution d'augmenter notre garnison, ils s'empressent de faire venir une légion de pasteurs, de colons et de diplomates. Le roi s'est laissé déborder par eux, sa volonté est complètement subordonnée à la leur. Et ils seraient restés les maitres si les événements n'étaient venu déjouer leurs combinaisons ingénieuses, il faut le reconnaitre, mais perfides.

A la suite des exploits de Radama à Tamatave, d'où nous étions presque chassés, les relations officielles avec la France et les relations amicales avec les Français établis dans l'île ne pouvaient plus exister. Des représailles s'imposaient, car il n'était pas possible de supporter, sans protester, une spoliation aussi brutale. Nous avions conservé de bons rapports avec quelques peuplades demeurées insoumises et nos droits sur quelques points de la côte : une revanche présentait donc de nombreuses chances.

La mort de Radama arriva à temps pour modifier les combinaisons.

Le nouveau roi qui envisage avec un certain effroi l'influence qu'ont acquise les Anglais, n'a pas pour eux la même affection, il ne veut pas de cette autorité qu'ils ont imposée à son prédécesseur ; il en a peur. Aussi, son premier acte en prenant le pouvoir est de les éloigner, d'abord de la cour, puis de l'île. Bon gré malgré, ils devront quitter la place.

Cette décision, à laquelle ils sont loin de s'attendre, déconcerte les Anglais; leur rivalité contre la France n'en fait que grandir, aussi toujours persévérants, quand ils jugent qu'ils peuvent revenir, ils reviennent avec leurs pasteurs, leurs bibles, leurs colons et leurs diplomates. Ils essayent bien de reconquérir leur ancienne influence, Radama II ne se laisse pas convaincre, il continue à les éloigner de la cour, quand, au contraire, à leur grand dépit, il y attire les Français dont le caractère et la franchise lui conviennent mieux. Cela devenait intolérable et ne pouvait durer.

Tout à coup, sans que rien puisse le faire prévoir, le jeune roi meurt. De quoi? comment ? On l'ignore.

Les bruits les plus contradictoires circulent sur cette mort : les uns avancent que c'est la conséquence d'une terrible maladie que le roi tenait cachée; les autres, plus hardis, n'hésitent pas à déclarer que ce n'est que le résultat d'un crime et vont même jusqu'à en désigner l'auteur.

On accuse la reine Ranavalo Manjoka de l'avoir empoisonné ! Quoi qu'il en soit, crime ou non, cette mort prématurée sert admirablement la politique des Anglais; ceux-ci, qui ne s'en étonnent pas, savent très bien la faire tourner à leur profit. Ce qui peut paraître étonnant, c'est que leurs combinaisons sont toutes prêtes. Ils avaient prévu avant la lettre ! On eût dit qu'ils avaient prévu cette mort, et en l'attendant, ils avaient préparé les moyens de gagner les faveurs de celle qui allait monter sur le trône. Le roi venait à peine de rendre le dernier soupir qu'ils étaient déjà là et on sentait bien à leur attitude combien ils étaient sûrs d'eux-mêmes.

Ranavalo Manjoka s'empare immédiatement du trône ; quoique n'ayant aucun droit, elle se proclame reine ou plutôt d'autres que ses sujets la reconnaissent comme telle, et elle règne immédiatement. Les Hovas acceptent le fait accompli et s'inclinent.

C'est une usurpation, mais ceux qui la favorisent et notamment un certain ministre, dont le nom de Jones trahit assez l'origine, n'y regardent pas d'aussi près.

Ce ministre a, à sa disposition, un jeune Malgache dont il est le maître et duquel il se sert d'une façon savante, sinon scrupuleuse.

Dès que la reine est couronnée, on place à côté d'elle le jeune Andémiase, c'est l'élève du ministre Jones, ce jeune homme, intelligent et vicieux, exerce bientôt sur l'esprit de la souveraine une grande influence et cette dernière devient ainsi la servante passive de la volonté de ses protecteurs.

Aussitôt qu'elle possède le pouvoir, Ranavalo Manjoka, sans que rien ne justifie sa décision, renvoie tous les chefs créés par son prédécesseur et, naturellement, tous les Français qui se trouvent à la cour.

Ces mesures arbitraires, en froissant les susceptibilités, provoquent des protestations énergiques ; la reine s'émeut, elle veut chercher un moyen de conciliation pour éviter des désordres qui peuvent être de nature à compromettre sa couronne ; comme elle ne commande pas, on passe outre à ses timides réflexions, et on fait taire les protestataires par les armes. Ceux que l'on n'ose pas tuer sont exilés et tout est dit.

Les nouveaux chefs que l'on place sont choisis par Andémiase à l'instigation de ses maîtres les Anglais ; ces nouveaux chefs, pour se conformer aux instructions qu'ils ont reçues, montrent à l'égard des Français, une très grande hostilité; même à tout propos et hors de propos, se livrent contre eux à des actes vexatoires.

Le mouvement commercial est arrêté, les intérêts de la France sont absolument compromis. La reine ne dissimule pas, elle agit ouvertement contre notre nation; elle veut chasser nos soldats comme nos colons; la guerre éclate, c'était forcé. Les provinces soumises viennent se grouper derrière nos soldats, un grand nombre de Hovas même, ennemis de ce gouvernement fait par des étrangers, se joint à nous, mais malgré nos efforts et le feu nourri d'une division navale, nous ne sommes pas cette fois vainqueurs. Des navires anglais se trouvent là juste au moment opportun pour prêter main-forte contre nous.

Il n'est pas superflu de citer un trait d'héroïsme qui se produisit dans cette guerre et qui caractérise bien le patriotisme français.

Les trois navires, composant la divison navale envoyée par la France, ont à combattre contre trois frégates anglaises (?) Un de nos navires, *La Néréide*, s'engage dans le port de Tamatave, où il est littéralement accablé, trop faible pour soutenir le feu ennemi; en peu de temps, démâté, criblé de coups de canons, il est mis dans un état pitoyable.

Le commandant Marestier est à son poste, sur la passerelle, bien en vue. Il dirige le combat avec un sang-froid incroyable; ses ordres se succèdent d'une voix forte, brève, stimulante, sans émotion. Tout à coup, un projectile le frappe, un cri déchire sa gorge :

— Vive la France!

C'est son seul cri de douleur!

On s'empresse autour de lui, il n'est pas mort encore; une préoccupation le tourmente :

— Capitaine, dit-il à son second, car maintenant c'est vous qui êtes capitaine de La Néréïde, moi je vais mourir, vous allez me faire un serment.

— Lequel, mon commandant, parlez, vous serez obéi.

— Vous allez me jurer, me jurer sur votre vie, sur votre honneur de marin, de ne rendre la frégate qu'à des conditions honorables.

— Je vous le jure, commandant; sur ma vie, sur mon honneur, je ne me rendrai que si la capitulation n'est pas humiliante.

— Ou vous la ferez sauter, dit le commandant avec un éclair de joie dans les yeux.

— Ou je la ferai sauter et nous sauterons avec elle, oui commandant !

— Merci, capitaine, je meurs satisfait. Vive la France !

— Vive la France ! répondit tout l'équipage qui continuait à tenir tête à l'ennemi.

Le commandant Marestier était mort.

Le nouveau capitaine tient parole et aussitôt le feu recommence ; les Anglais ne peuvent comprendre comment cette frégate démontée, prête à couler, ne se rend pas. Leur commandant, ému par ce courage, envoie des parlementaires chargés de proposer une capitulation.

— Nous rendre, répond fièrement le capitaine français aux envoyés, j'ai promis à mon commandant de ne le faire qu'à des conditions honorables et ces conditions les voici, c'est moi qui les dicte :

Mon équipage quittera la frégate avec armes et bagages, il sera traité avec égards et entièrement à la charge de l'Angleterre qui, en outre, le fera transporter dans le port de Brest. Voici mes conditions, je les impose et n'en accepterai pas la moindre modification. C'est à prendre ou à laisser, continue le capitaine, si dans deux heures vous n'avez pas répondu, le combat recommencera.

Les Anglais acceptèrent. Ce trait glorieux, qui dépeint bien la bravoure française, se passe de commentaire.

CHAPITRE XI

HISTORIQUE

Le Traité, le Protectorat

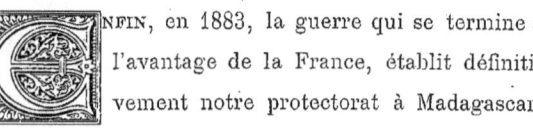

Enfin, en 1883, la guerre qui se termine à l'avantage de la France, établit définitivement notre protectorat à Madagascar. Cela n'implique pas que les choses marchent bien depuis. Nos ennemis dans cette colonie, toujours les mêmes, n'ont cessé de chercher à porter atteinte à notre prestige par des menées hypocrites. Si nous cherchons bien dans la cause du conflit qui nous oblige à une expédition pour le respect de nos droits si chèrement acquis, nous y trouverons certainement leur influence.

Nos colons sont constamment en butte à des tracasseries, on n'hésite même pas à les voler, voire même à les assassiner à l'occasion, et ces méfaits, s'ils sont l'œuvre des Hovas surtout, ils sont aussi suscités par d'autres dont le rôle n'est pas bien difficile à établir.

On avance que les Hovas sont des hommes terribles, qu'ils enveloppent dans une même haine tous les étrangers à quelque nationalité qu'ils appartiennent, dans la crainte de la perte de leur prestige.

Or, d'une part, les Hovas sont des êtres à demi-sauvages qui ne sont de vaillants guerriers qu'en nombre supérieur; hors de là, leur humeur belliqueuse se retranche assez volontiers derrière une sage prudence; d'autre part, leur haine de tous les étrangers ne les empêche pas d'avoir à la cour, dans les conseils de leur gouvernement, une certaine catégorie d'étrangers qui sont on ne peut mieux considérés et dont les conseils sont encore mieux écoutés. On retrouve cette même catégorie d'étrangers à la tête de l'armée dont ils sont les instructeurs. Ne les avons-nous pas retrouvés partout dans le récit qui précède. Rien n'est changé, les étrangers favorisés sont toujours les mêmes : les Anglais.

Depuis le commencement du conflit franco-hova, la presse londonienne s'est plu bien des fois, non pas à dire qu'il n'y avait pas d'Anglais à Madagascar, mais à proclamer que ceux qui y résidaient avaient été disgraciés ; que les différentes situations qu'ils y occupaient, à la cour et ailleurs, leur avait été enlevées.

Il est bon de relever cette erreur que tout fait présumer volontaire. Nous comprenons très bien que l'Angleterre veuille ne pas assumer une responsabilité et cherche à se dégager. Nous admettons même qu'elle veuille laisser croire qu'elle renie ses nationaux en cette circonstance et qu'elle n'est en aucune façon complice. C'est une question de courtoisie diplomatique. Cependant les faits sont là et nous crient de ne pas nous laisser abuser par des protestations aussi mal fondées. D'ailleurs nous ne nous rappelons le désaveu dont les Anglais sont l'objet, de la part de leur gouvernement que parce que l'on veut nous faire croire que ces sujets désavoués ne sont rien dans les événements actuels.

Nous avons trop souvent rencontré les Anglais sur notre chemin à Madagascar, nous les avons de même trop souvent vu intervenir dans toutes les choses politiques et commerciales de ce pays, pour croire à la sincérité du désaveu et à la réalité des disgrâces.

Notre conviction est, au contraire, que l'influence sournoise de nos adversaires d'Outre-Manche est toujours la même. Les aventuriers et les missionnaires de cette nationalité qui depuis des siècles se succèdent à la cour d'Émyrne, y ont toujours eu une influence dans les kabari ou conseils et l'y ont plus que jamais.

Nous n'avons, pour nous édifier, qu'à constater le prestige et la prépondérance des prédicants : n'ont-ils pas le plus grand nombre d'écoles et le plus grand nombre d'élèves ? N'ont-ils pas le plus d'églises et d'apôtres de leur religion ?

Comment pourrions-nous croire bonnement que ces aimables pasteurs, renfermés dans leur devoir de civilisateurs chrétiens, ignorent les intrigues combinées et les insinuations calomnieuses dirigées contre la France ? Aussi ne les croyons-nous pas le moins du monde.

Disgraciés, les Anglais fonctionnaires, religieux, civils et militaires à la cour d'Hova ? Oh ! que non ! et que la presse est donc mal informée sur les bords de la Tamise ! Disgraciés, chassés ! mais alors comment se fait-il, que sous le coup d'une pareille mesure, leurs relations avec la cour, loin d'être rompues, sont-elles devenues plus assidues, plus intimes.

Voyons, MM. les pasteurs Ringtons, Stirley, Bæcker et Collins qui sont actuellement à la cour malgache, auprès de la reine et des ministres, qu'ils catéchisent, quel rôle jouent-ils ? Qu'ont-ils besoin, pour l'exercice de leur ministère, des armes, des munitions qu'ils achètent ?

Nous retrouvons encore auprès des Hovas, le colonel Shervinton (1), le major Graves, le capitaine Coster, le capitaine Bell et tant d'autres. Ces officieux, dont les travaux ne sont, dit-on, pas payés par le gouvernement malgache qui ne paie personne, ont construit de nombreux forts et des camps retranchés; ils ont instruit l'armée avec un dévouement digne d'éloges et demeurent encore à la tête du mouvement à Tananarive. Est-ce assez précis ?

Voici un renseignement qui date du mois de janvier 1895, il est donc tout récent ; sa nature va nous faire connaître le rôle joué par les prétendus disgraciés.

Le colonel Shervinton vient d'établir son quartier général à Ambohimango. Il prétend faire de ce poste un camp retranché et affirme que de cette position, si les troupes françaises s'aventuraient vers Tananarive, elles seraient exterminées par les Hovas !

Le major Graves fait des approvisionnements généraux ; quant au capitaine Bell, il organise la défense de l'Ikopa.

Les autres, parmi lesquels on compte quelques Américains du Nord, s'occupent activement de l'instruction des troupes, de l'armement et de l'habillement.

Les pasteurs, pendant ce temps, demeurent dans l'entourage de la reine, ils assistent aux délibérations et entretiennent fort à propos les haines contre la France.

---

(1) Ce livre était sous presse quand le bruit de la retraite du colonel Shervinton a été répandu.

C'est suffisamment édifiant.

Le gouvernement hova faisait, en juin 1885, les propositions suivantes :

1° La France reconnaîtra le titre de Sa Majesté comme reine de Madagascar et son droit de souveraineté sur toute l'île.

2° Les troupes françaises seront retirées des points qu'elles occupent à des époques déterminées.

3° La France renoncera au protectorat de la côte Nord et Nord-Ouest et une amnistie générale sera accordée à la population.

4° La France s'obligera à respecter et à maintenir l'autonomie du royaume et le droit de succession au trône, réglé par les lois et coutumes du pays.

5° Elle s'engage autant que possible à mettre à la dispositions du gouvernement de la reine, sur la demande de celui-ci, des officiers pour organiser son armée, des transports ou des navires de guerre pour convoyer les troupes et protéger leur débarquement sur tous les points de côte où il pourra devenir nécessaire d'envoyer des forces pour affirmer l'autorité de la reine sur ses sujets indisciplinés.

6° Elle renoncera au droit de propriété absolue de la terre pour accepter des concessions accordées pour des périodes déterminées.

7° Madagascar acceptera la « haute garantie » de la France.

8° Par ces mots de « haute garantie », il est compris que la France s'engageant à respecter l'autonomie du gouvernement hova, celui-ci ne pourra, sous aucun prétexte quelconque, conclure avec une puissance étrangère, des conventions accordant des privilèges spéciaux ou cessions de territoire ; que ces privilèges ou cessions faites sans le consentement de la France, seraient nulles et non avenues et que la France reprendrait, au cas où il en aurait été accordé, une complète liberté d'action et pourrait soutenir toutes les réclamations par tous les moyens qui lui conviendraient, même par la force.

Ces propositions n'ont pas été acceptées par la France sans modifications ; elle entendait les modifier dans un sens plus favorable pour elle, ce qui ne se fit qu'après de longues négociations. Le gouvernement hova s'obstinait et voulait entièrement se renfermer dans les termes de ses propositions ; enfin, le 17 décembre 1885, il se décida à signer des conventions dictées par le gouvernement français.

La France reconnaît la Reine des Hovas comme souveraine de l'ile de Madagascar, mais d'autre part, le gouvernement hova accepte le protectorat de la France.

Un résident général et un corps consulaire français seront établis à Tananarive, le résident connaîtra exclusivement toutes les relations extérieures du gouvernement malgache.

Les Français obtiendront des concessions de terrain pour des durées déterminées, mais ces concessions pourront être renouvelées sans qu'il soit besoin que le gouvernement hova intervienne.

Les troupes françaises évacueront les divers postes de la côte Nord-Ouest et Nord-Est aussitôt après la ratification du traité ; Tamatave cependant restera occupée jusqu'à l'entier paiement par les Hovas, d'une indemnité de dix millions de francs destinée à indemniser les commerçants et les colons français et étrangers, des pertes subies au cours de la période de guerre.

La France conserve en toute propriété, la baie de Diégo-Suarez et le territoire y attenant, qui deviennent possessions françaises, de même que les îles de Nossi-Bé, les dépendances et l'ile de Sainte-Marie de Madagascar.

Amiral BESNARD, Ministre de la marine

Le traité de 1885 établissait donc une dernière fois notre protectorat à Madagascar. Aux termes de ce traité, le gouvernement français est chargé de représenter le gouvernement hova auprès de tous les États étrangers.

Le protectorat a été officiellement accepté par l'Angleterre, le 5 août 1890, c'est-à-dire, cinq ans après et par l'Allemagne, le 17 novembre 1890. Nous consignons pour mémoire qu'en cette circonstance l'Angleterre a reçu, à titre d'épingles, la colonie de Zanzibar dans l'Océan Indien.

Malgré cela, les sujets de Sa Majesté Britannique, avec la courtoisie qui les caractérise, n'ont jamais cessé de chercher à troubler l'exercice de notre protectorat. Nous venons de constater la véracité de ce fait, malgré les déclarations de la presse anglaise. Cette presse publie d'ailleurs, quelques jours plus tard, une note qui permet bien de supposer fantaisiste la première information. Voici cette note :

« L'Angleterre répondra à des annexions par des renforcements navals et par de nouvelles annexions de territoires.

« Il est nécessaire de rappeler de temps en temps à ceux que la chose concerne, que l'Angleterre n'a pas l'intention de perdre sa suprématie dans les mers. »

C'est clair, l'Angleterre veut bien que nous exercions notre protectorat à Madagascar, mais un peu sous son contrôle, elle n'admet pas que pour conserver ce protectorat, nous fassions des annexions de territoire.

Dans le cas contraire elle enverra ses navires pour défendre les annexions et, naturellement, en faire son profit.

C'est absolument charmant.

Avec Madagascar, la France possèderait un des postes les plus importants de l'Océan Indien ; la route des Indes et de l'Extrême-

Orient, après Suez, serait entre ses mains. Elle aurait donc la prépondérance dans l'Océan Indien. L'Angleterre, si fière de sa suprématie dans les mers, se verrait amoindrie ; elle ne le veut pas, elle le déclare bien haut. Il y aurait, à ce propos, de fort jolies choses à écrire, nous le ferions avec plaisir si le cadre de ce livre le comportait.

Le traité de 1885 impose au gouvernement hova un résident général français à Tananarive.

Actuellement, les fonctionnaires de la résidence sont (1) : Résident général, M. Larrouy ; résident adjoint, M. Lacoste; secrétaire, M. Conty ; chancelier, M. d'Anthouard et le docteur Boissade.

Il y a ensuite un résident à Tamatave, M. Branchot ; un à Fianarantson, M. Besson, et enfin à Majunga, le docteur Catat.

Le territoire de Diégo-Suarez est notre possession, il est administré par un gouverneur.

Les Etats-Unis, l'Angleterre, l'Allemagne et l'Italie ont accrédité des agents diplomatiques, consuls ou vice-consuls, qui les représentent.

Le gouvernement français, en 1894, ému des atteintes portées à nos droits et voulant les sauvegarder, a demandé au gouvernement hova des garanties pour la parfaite exécution du traité de 1885, établissant notre protectorat.

Une garnison française devait être envoyée pour occuper Tananarive dans le cas où il ne serait pas fait droit à cette demande légitime.

Le gouvernement hova, contre toute attente, contre toute loyauté, a refusé de donner satisfaction. Il s'est facilement persuadé que nos

---

(1) Nos agents diplomatiques ont quitté Madagascar à la suite de la rupture des relations, en même temps que M. Le Myre de Villers.

nombreuses préoccupations nous empêcheraient de tenter une nouvelle expédition. L'ultimatum de la France porté par un envoyé extraordinaire, M. Le Myre de Villers, a été grossièrement repoussé et des paroles injurieuses auraient même été proférées contre nous par le premier ministre malgache.

A la suite de la déclaration qui terminait la mission de M. Le Myre de Villers, la cour d'Émyrne a tenu un kabari solennel dans la ville sacrée. Les devins et les conseillers, toujours inséparables, sont invités à venir prendre part aux graves délibérations qui allaient être discutées. Après une discussion au cours de laquelle les diatribes les plus violentes contre la France sont encouragées par les conseillers, le premier ministre Rainilaiarivoni, mari de la reine, consulte ses devins, puis s'adressant à cette dernière, lui dit :

« O Ranavalo Manjaka, aie confiance, aie confiance ; Dieu et les bons esprits te protègent. Nos ennemis n'atteindront pas le pays d'Ant' Imérina.

« S'il sont plus forts sur mer, que nous importe !

« Peut-être débarqueront-ils à Tamatave ou à Majunga, la fièvre qui forme sur nos côtes un cordon de défense les en chassera.

« Tu resteras, ô Ranavalo, ô ma reine, toujours la seule maîtresse des ancêtres ; donc il faut faire la guerre aux Français ».

La reine qui, par impuissance, demeure étrangère à tout ce qui se dit ou se décide dans son gouvernement et n'a pas le droit de contrarier les décisions de son ministre, mari et maître, se contente de répondre que « c'est bien ainsi ».

La raison de la confiance du ministre paraît bien invraisemblable. Elle n'est pas sincère en effet ; Rainilaiarivoni qui, en sa qualité de maître des Hovas, est le premier des fourbes, puise ailleurs les assurances qu'il veut faire partager. Il compte sur des concours dont la promesse lui a été faite d'autre part.

Ceux qui encouragèrent le roi Radama à faire l'unité de l'île par la conquête successive des contrées que l'on réunirait au royaume des Hovas, voulaient, en secondant les efforts de Radama dont ils faisaient leur esclave, le faire agir à leur profit. L'évidence de cette présomption est bien démontrée par les événements d'alors.

Si les Hovas aujourd'hui ne craignent pas d'offenser la France avec leur armée qui, malgré ses vingt mille hommes, comprend à peine cinq ou six mille soldats à peu près disciplinés, c'est qu'ils doivent sentir derrière eux un appui que nous pourrions biens voir poindre en temps. Mais il est aussi bien évident que les conseillers et les aides de la jeune reine Ranavalo III, ne sont pas plus désintéressés que ceux de Radama.

Elle aura à payer fort cher ces interventions.

CHAPITRE XII

Le Corps expéditionnaire

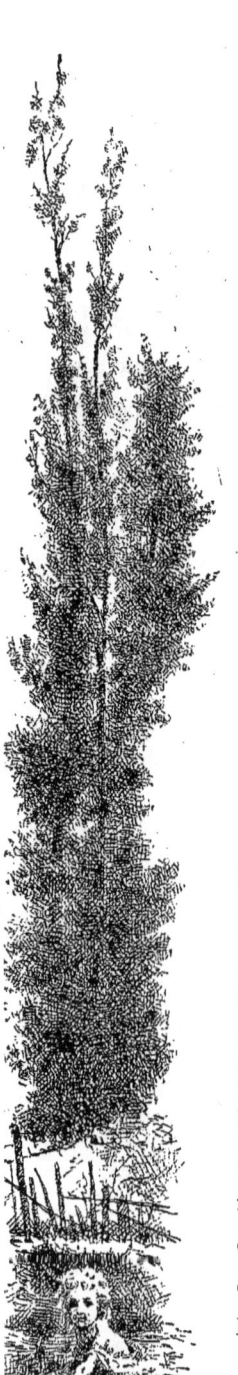

Les forces malgaches, contre lesquelles nous aurons à lutter, sans être de nature à causer de grandes craintes, ne sont pas sans importance. Comme nous l'avons dit précédemment, l'armée hova s'élève à une trentaine de mille hommes dont le quart, à peu près, est presque régulièrement constitué en corps. Toutefois, il faut considérer qu'en prévision des événements qui viennent de surgir de grands préparatifs ont été faits, et qu'indépendamment des chefs étrangers, quelques officiers indigènes ont fait leurs études militaires en France.

L'armement des Hovas se compose d'environ vingt

mille fusils parmi lesquels il y a des snyders, des remingtons, des wetterli et des fusils à tir rapide. L'artillerie comprend cent deux bouches à feu en canons Krupp, à tir rapide, des mitrailleuses et quelques canons revolvers. En dehors de ce matériel, il faut aussi ajouter celui employé pour l'armement des postes de Tamatave, de Majunga et autres. Enfin, il y a encore les approvisionnements qui viennent d'être faits tout récemment et dont on ne connaît pas l'importance.

Ce n'est donc pas contre des gens sans défense que nous marchons. Quelque mal organisée que soit l'armée, elle est parfaitement en mesure d'opposer une sérieuse résistance; de plus, elle a l'avantage de l'inaccessibilité du sol, qui ne nous est pas parfaitement connu, et où les embuscades doivent être singulièrement favorisées, enfin les concours intéressés qui peuvent surgir tout à coup, et le climat. En somme, c'est une vraie campagne pour laquelle nos gouvernants ont eu la sagesse de ne négliger aucune précaution.

Le commandement en chef de l'expédition a été confié au général de division Duchesne. C'est un brave qui a souvent vu le feu. En 1859, alors qu'il était simple sous-lieutenant, il gagna vaillamment la croix sur le champ de bataille de Solférino. En 1870, il est de la division de Lavaucoupet et prend part à tous les combats qui se livrent autour de Metz. Il part ensuite se battre en Algérie, de là au Tonkin, où il fait bravement son devoir à Bac-Ninh, Hung-Hoa et Tuyen-Quan; et encore du Tonkin à Formose, où sa brillante conduite lui vaut la croix de commandeur. Il était alors colonel. Les deux étoiles, qu'il avait si bien gagnées, lui sont données en 1888. En 1893, il est promu divisionnaire.

Le commandement de la brigade a été confié au général Metzinger; un autre brave et l'un des plus jeunes et des plus brillants officiers généraux; il s'est vaillamment battu en 1870 et gagna ses épaulettes de capitaine sur le champ de bataille. Il a fait la campagne du Tonkin, où il se distingua par sa bravoure et ses brillantes qualités de commandement.

La distinction de cet officier supérieur, pour commander la brigade de Madagascar, ne pouvait être plus heureuse; il possède les qualités qui justifient pleinement le choix du ministre de la guerre.

Le général Voyron commande la seconde brigade. C'est un vaillant soldat qui a de même conquis les étoiles par sa bravoure et son talent militaire.

Le colonel de Torcy part comme chef d'état-major du corps de Madagascar; encore un choix heureux justifié par de brillants états de service.

Le colonel Gillon, commande le 200ᵉ régiment.

Ce brave vient de mourir à Madagascar, à la veille d'être promu général de brigade; il est remplacé à la tête du 200ᵉ par le lieutenant-colonel Bizot.

Le corps expéditionnaire est composé de la façon suivante :

PREMIÈRE BRIGADE

Un régiment d'infanterie, 3 bataillons, 4 compagnies ;
Un régiment composé de tirailleurs algériens et de légion étrangère, 3 bataillons, 4 compagnies;
Un bataillon de chasseurs à pied, 4 compagnies.

DEUXIÈME BRIGADE

Un régiment d'infanterie de marine, 3 bataillons, 4 compagnies;
Un régiment indigène, 3 bataillons, 4 compagnies;
Un régiment de sakalaves, un régiment de volontaires de la Réunion, un régiment de sénégalais.

TROUPES NON ENDIVISIONNÉES

Un escadron de chasseurs d'Afrique, six batteries d'artillerie, une compagnie de soldats du génie, un escadron du train des équipages, une section de commis et ouvriers et une section d'infirmiers.

Les services auxiliaires comprennent 164 officiers ou assimilés et environ 1,500 hommes comprenant les états-majors de la division et des deux brigades de l'artillerie, du génie, du service administratif, du service de santé, la gendarmerie, justice militaire, télégraphie de campagne, équipages de ballons dirigeables et de télégraphie optique, section de topographie, service vétérinaire, archivistes des états-majors, intendance, service et convoi des subsistances, habillement et campement, boulangerie, ambulances, hôpitaux des campagnes, aumôniers des différents cultes, service des étapes et des évacuations, forestiers.

La division navale, placée sous le commandement du contre-amiral Bien-Aimé, est composée de 12 navires.

Le 200ᵉ régiment, formé au camp de Sathonay, est composé de 12 compagnies qui ont été désignées par le sort dans chacun des régiments ci-dessous choisis eux-mêmes par le sort dans les douze corps d'armée suivants :

8° corps, 74° régiment d'infanterie, 2° compagnie, à Paris.
4° corps, 124° régiment d'infanterie, 6° compagnie, à Dreux.
5° corps, 31° régiment d'infanterie, 2° compagnie, à Blois.
8° corps, 29° régiment d'infanterie, 4° compagnie, à Autun.
9° corps, 125° régiment d'infanterie, 7° compagnie, à Poitiers.
10° corps, 48° régiment d'infanterie, 7° compagnie, à Guingamp.
11° corps, 65° régiment d'infanterie, 3° compagnie, à Nantes.
12° corps, 138° régiment d'infanterie, 6° compagnie, à Bellac.
13° corps, 139° régiment d'infanterie, 2° compagnie, à Aurillac.
16° corps, 143° régiment d'infanterie, 9° compagnie, à Albi.
17° corps, 9° régiment d'infanterie, 10° compagnie, à Agen.
18° corps, 34° régiment d'infanterie, 5° comp., à Mont-de-Marsan.

Le 40° bataillon de chasseurs a été constitué à Nimes; il est formé par quatre compagnies tirées au sort dans les 11°, 12°, 14° et 22° bataillons de chasseurs :

La 2° compagnie du 11° bataillon à Annecy.
La 6° compagnie du 12° bataillon à Embrun.
La 1re compagnie du 14° bataillon à Grenoble.
La 3° compagnie du 22° bataillon à Albertville.

Les bataillons indigènes formés, en majeure partie, par les sakalaves, sont commandés par des officiers français; le cadre de ces officiers comporte 1 capitaine et 3 lieutenants par compagnie; celui des sous-officiers comporte 1 adjudant, 1 sergent-major, 1 sergent-fourrier, 8 sergents, 1 caporal-fourrier. Il y a, en outre, 8 sergents, 10 caporaux, 7 tirailleurs de 1re classe, 142 tirailleurs de 2e classe indigènes.

Des primes d'engagement ont été attribuées aux indigènes ; on leur a donné 100 francs pour un engagement de trois ans et 40 francs pour un engagement de deux ans.

L'État, indépendamment des 12 navires composant la division navale de l'Océan Indien, placée sous le commandement du contre-amiral Bien-Aimé, a fait construire 4 canonnières de rivière, d'un faible tirant d'eau, ayant à bord chacune 2 canons à tir rapide de 37 millimètres. Ces canonnières sont spécialement affectées à accompagner le corps expéditionnaire, le cas échéant.

Les préparatifs de la campagne sont admirablement combinés ; tout semble avoir été prévu et les éventualités même d'une intervention quelconque semblent n'inspirer aucune crainte bien sérieuse.

Les cadres constitués de l'armée de terre et de mer du corps expéditionnaire comprennent en tout deux cent quatre-vingt-dix officiers de toutes armes et cent cinquante-cinq fonctionnaires des divers services militaires. Ces derniers sont affectés à l'ensemble de la division y compris la brigade de la marine.

Le service de l'état-major compte dix-huit officiers : le colonel de Torcy, chef d'état-major ; le lieutenant-colonel de Nonancourt, sous-chef ; le lieutenant-colonel Bailloud, directeur du service des étapes ; le commandant Delarue, le commandant Andry, treize capitaines et trois archivistes.

INFANTERIE

L'infanterie envoie le colonel Gillon et le colonel Oudri; les lieutenants-colonels Bizot et Pognard, les commandants Rapine et du Nozet, Courteaud, de Pasquier, de Franclieu pour le 200°; le commandant Massiet du Biert pour le 40° bataillon de chasseurs; les commandants Barre, Lentonnet et Debrou pour le régiment de marche d'Algérie. Enfin, trente-huit capitaines.

CAVALERIE

La cavalerie place à la tête de son escadron deux capitaines et sept sous-lieutenants.

ARTILLERIE

L'artillerie est placée sous les ordres du colonel Palle et comprend en outre un lieutenant-colonel, M. Laval. Les commandants Delestrac, Ruffey, Silvestre et Sarrebourse de La Guillonnière; treize capitaines, vingt-sept lieutenants et dix gardes d'artillerie.

GÉNIE

Les travaux du génie sont dirigés par le lieutenant-colonel Marmier, le commandant Magné, treize capitaines, douze lieutenants et sept adjoints.

TRAIN

Le train est placé sous les ordres du commandant Deyme, qui est secondé par sept capitaines et vingt-quatre lieutenants.

GENDARMERIE

Le prévôt de la division, commandant Deyme, commande le détachement de la gendarmerie, avec un capitaine et un lieutenant.

Les services administratifs sont placés sous la direction du sous-intendant Thoumazou, qui a comme collaborateurs les sous-intendants Godin, Coppens de Norlandt, Fauconnet, Pasquier, Huguin, Damourette, Meyer, cinquante-trois officiers d'administration pour les divers services.

SERVICE SANITAIRE

Le médecin principal Emery-Desbousses est chargé de la direction du service sanitaire avec le concours du médecin principal Lepage, des médecins-majors Dantin, Moine, Hocquart, Fluteau, Mareschal, Bourdon, Malinas, Pélot et Fabre; de quarante autres médecins-majors ou aides-majors.

Le service de la pharmacie est confié à trois pharmaciens-majors sous la direction de M. Chambard.

SERVICE VÉTÉRINAIRE

Le service médical des animaux de selle, de trait et de bât est confié à quatorze vétérinaires placés sous la direction du vétérinaire principal Lenthéric.

FINANCES ET POSTES

Le service est confié à cinq payeurs placés sous les ordres de M. Prudot, payeur principal.

Général DUCHESNE, Commandant en chef du corps expéditionnaire

CHAPITRE XIII

Le 200ᵉ régiment. — Sathonay

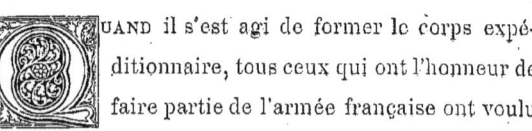

Quand il s'est agi de former le corps expéditionnaire, tous ceux qui ont l'honneur de faire partie de l'armée française ont voulu partir. Cette touchante unanimité dans le sentiment patriotique démontre, encore une fois, à quelle suprême force s'élève l'amour de la patrie.

Des dangers se dressent imminents; des souffrances sans nombre sont à prévoir : la mort après le calvaire. Que font toutes ces considérations aux enfants de France ? Le drapeau national est le but; menacé, il faut aller le défendre, tous les dévouements se réveillent. Tous veulent partir.

Qu'est-ce, en effet, la mort pour le patriotisme

français; que sont les dangers, les souffrances? Rien. Les hommes passent, la Patrie reste, faite et grandie par les gloires de ses enfants.

Tous ont voulu partir et il a fallu, pour concilier ces nobles ambitions avec les seuls besoins que comportent les circonstances, confier au sort le choix de ceux qui partiraient.

Quelle sublimité! Combien la France a le droit d'être fière de ces manifestations. Ces petits soldats rappellent les héros antiques qui marchaient à la mort la tête haute pour l'accomplissement du devoir; ils donnent aux trois couleurs nationales l'éclat éblouissant dont s'éclaire le monde.

Le départ de chacune des compagnies ralliant Sathonay, pour la formation du 200ᵉ régiment de marche et du 40ᵉ bataillon de chasseurs à pied, a donné lieu, dans les villes de leur garnison, à des manifestations touchantes. Tout le monde voulait saluer ces vaillants et leur donner un témoignage de sympathie. Dans les casernes, les scènes étaient émouvantes en des étreintes fraternelles des camarades malheureux de ne pas partir; bien des larmes, perles précieuses recueillies par Dieu, ont été versées.

Les chefs savaient, avec des tendresses toutes paternelles, encourager ceux-ci, consoler ceux-là par la promesse d'un avenir où ils pourront toujours cueillir les lauriers qu'ils ambitionnent. Quelles expressions n'ont-ils pas trouvées pour réconforter « leurs enfants! »

Ecoutons le général Vieil d'Espeuilles, commandant le 13ᵉ corps d'armée, parlant à ses soldats qui le quittent pour aller se battre à Madagascar :

« *Officiers, sous-officiers et soldats de la compagnie de Madagascar,*

« Je suis venu vous inspecter et vous faire mes adieux ; tous, vous êtes des volontaires et reconnus pour de bons soldats ; vos chefs sont fermes, vigoureux, ardents ; c'est donc dans les meilleures conditions que vous partez pour cette campagne lointaine, et c'est avec confiance que je vous remets le bon renom du 139e et celui du 13e corps que vous allez représenter au milieu de nouveaux camarades.

« Vous vous en souviendrez, là-bas, aux jours du combat et de l'épreuve ; aussi vous saurez ajouter, si la bonne fortune vous en donne l'occasion, un nouveau rayon de gloire au drapeau. Tous mes vœux vous accompagnent et vous faites bien des jaloux, car combien, parmi ceux qui m'écoutent, voudraient partir avec vous, à commencer par votre général !

« Au revoir, mes enfants, au revoir. Au nom de tous, je vous souhaite une bonne traversée, de brillants succès et un bon retour ! »

Comme ces paroles si simples sont belles et vont au cœur et combien elles ont dû toucher ceux qui les ont entendues !

Les populations de Paris, Dreux, Blois, Autun, Poitiers, Guingamp, Nantes, Bellac, Aurillac, Albi, Agen, Mont-de-Marsan, Annecy, Embrun, Grenoble, Albertville ont fait de belles ovations à leurs soldats qui les quittaient, ovations renouvelées tout le long de la route jusqu'à Sathonay. Partout, à travers la France, on a acclamé ceux qui partaient.

A Paris, le départ s'est effectué comme une marche triomphale : les journaux ont publié, la veille, l'itinéraire que devait suivre la compagnie du 74ᵉ de ligne désigné par le sort pour faire partie du 200ᵉ. Aussi, le jour commençait-il à peine, qu'une foule très considérable s'étendait déjà sur le parcours, depuis la caserne de la Pépinière jusqu'à la gare de Lyon, c'est-à-dire sur une longueur de plusieurs kilomètres. Des marchandes de fleurs circulent dans la foule et vendent de petits bouquets qui seront tout à l'heure distribués aux soldats.

A un moment donné, la foule devient tellement compacte sur certains points, notamment devant la caserne, qu'un service d'ordre devient indispensable. Il est immédiatement organisé par le Préfet de police, dont les efforts sont secondés par quelques commissaires de police et des officiers de paix. Les tramways et les omnibus chargés de voyageurs qui, debout sur l'impériale, cherchent à voir l'intérieur de la caserne, circulent lentement. Ailleurs, la foule émue et bruyante attend. C'est une nichée d'ouvriers en tablier et en blouse, de braves travailleurs qui ont laissé un instant la besogne pour venir voir les soldats qui vont à la guerre ; des commis, des employés, des gens du monde qui fraternisent. Puis encore de grandes dames et de modestes ouvrières, ayant chacune dans leurs mains le petit bouquet, souvenir qu'elles vont offrir à l'armée.

Tout à coup, le clairon sonne, un drapeau tricolore est hissé ; les acclamations retentissent. Les hommes du 200ᵉ viennent prendre place au milieu de la cour ; à côté se rangent la musique, un piquet du 74ᵉ, le drapeau et sa garde d'honneur. En face, le lieutenant-colonel Mercier, les officiers et enfin l'aumônier qui suit le régiment, lui aussi, pour consoler et soutenir les courages défaillants.

Le clairon sonne au drapeau !

Présentez armes !

Et la troupe exécute le mouvement avec un ensemble parfait pour saluer l'emblème de la patrie !

Au dehors, la foule grossissante devient tumultueuse.

Les clairons lancent leurs notes cuivrées, les portes de la caserne s'ouvrent. Un long frémissement agite la nuée humaine, les acclamations recommencent plus fortes.

Le défilé commence : voici un piquet du 74°; les tambours, les clairons, la musique et enfin les soldats du 200° entourant le drapeau. Les hommes avancent lentement, pressés de toutes parts par la foule, on se jette sur les soldats, on les embrasse, les dames distribuent des fleurs, les hommes donnent des cigares, du tabac, d'autres distribuent de l'argent.

Bientôt sur l'uniforme, les bouquets s'étalent. Il faut bien fêter ceux qui peut-être ne reviendront plus, qui sait, un dernier adieu, l'adieu de la France à ses enfants.

Mais non, ils reviendront; et les cris recommencent :

Vive la France !

Vive l'Armée !

Ils sont fiers, les petits troupiers, la France et l'Armée, c'est eux qui les représentent, aussi portent-ils haut la tête. Ah ! les larmes coulent sur bien des visages, mais comment rester froid à ce spectacle, on ne les dissimule pas; pourquoi d'ailleurs les cacherait-on ?

Le défilé continue au milieu de l'enthousiasme; la musique entonne un pas redoublé et, soldats, civils, enfants, des femmes même, emboîtent le même pas accéléré. Tout le monde, en ce moment, a le même idéal et semble ne former qu'un seul être.

Sur la place de la Madeleine, la foule grossit encore, le perron de l'église est envahi; la marche est un instant arrêtée. On descend la rue Royale, toutes les fenêtres, tous les balcons sont bondés, des milliers de bras agitent des mouchoirs, et puis une pluie de fleurs et de petits drapeaux tricolores en soie tombe sur les soldats qui les fixent à leurs boutonnières.

On traverse la place de la Concorde : la foule est massée autour de la statue de Strasbourg; les terrasses des Feuillants, de l'Orangerie sont noires de monde.

Et les soldats avancent toujours gaillardement. On arrive devant le ministère des Colonies, au pavillon de Flore ; au balcon du premier étage, le ministre et une partie de sa maison se tiennent debout et découverts. Les fenêtres du musée du Louvre sont archi-garnies, de même les marches du pont des Arts, en face. Des applaudissements frénétiques se succèdent. Au Pont-Neuf, on offre encore des fleurs ; la foule grossit toujours; sur la place du Châtelet, il faut faire halte, impossible d'avancer ; c'est une cohue indescriptible.

Voici l'Hôtel-de-Ville, le Préfet de la Seine et sa famille se tiennent dans le jardin, ils saluent l'armée qui passe. La colonne continue son chemin, elle arrive au boulevard Diderot où elle s'engage.

Au loin, là-bas, la gare de Lyon dont les abords sont envahis par une foule toujours plus grande et plus enthousiaste ; pour y pénétrer, le service d'ordre est obligé de frayer un passage.

Enfin on arrive dans la cour de la gare. La compagnie du 200ᵉ se place sur deux rangs, l'escorte du 74ᵉ se range en face.

Un commandement retentit :

Présentez armes !

Et une dernière fois le drapeau est salué.

Les soldats du 200ᵉ sont introduits sur le quai d'embarquement. Le train qui doit les conduire est formé, six wagons spécialement affectés y sont accrochés; ils se rangent en face en attendant le commandement. Enfin l'embarquement s'opère dans le meilleur ordre. Chaque compartiment de dix places est occupé par huit hommes, deux places sont réservées pour les bagages.

Un cordon de soldats du 74° est établi devant le train pour empêcher la foule d'avancer. Mais la foule est une chose insaisissable et en se glissant un peu partout, même entre les jambes des factionnaires, elle passe.

Quelques scènes touchantes se produisent. Voici une jeune femme, elle cherche dans les wagons celui qui s'en va, elle veut le revoir encore une fois. Le voilà ; on se jette dans les bras l'un de l'autre.

C'est un petit enfant que les soldats se font passer et qu'ils embrassent à bouche que veux-tu ; d'où vient-il ? C'est bébé que maman vient d'apporter pour embrasser le grand frère qui part.

Les embrassades, les poignées de mains et les bons souhaits s'échangent.

Mais, « garde à vous », voici le général, il vient inspecter une dernière fois. Chacun est à sa place. Les portières se ferment, un coup de sifflet retentit, le train part.

Alors une dernière acclamation fait trembler le hall vitré de la gare :

Vive la France ! Vive l'armée ! Vive le 200° ! crie la foule en battant des mains.

Vive la France ! Vive Paris ! répondent les soldats.

Aux portières on agite les képis et les mouchoirs.

Le train double de vitesse et bientôt on ne voit plus qu'un gros point noir qui fuit, surmonté d'une longue colonne de fumée qui tache le ciel.

Ces imposantes manifestations se sont renouvelées partout et on doit estimer que rien n'est exagéré en elles. Dans ces soldats qui partent pour Madagascar, on salue non seulement une fraction, mais l'armée entière. Cette armée que nous aimons tant, où nous avons été, où seront nos enfants et à laquelle nous appartenons toujours.

Le train franchit rapidement les kilomètres, il arrive à Lyon, à cinq heures du matin. Il entre en gare de Vaise par un de ces temps brumeux, sales, comme la seconde ville de France en a le monopole en hiver. Nos braves pioupious sont toujours aussi gais et aussi fiers que la veille, lorsqu'ils traversaient Paris, aux acclamations d'une foule enthousiaste. Malgré l'heure matinale, les bons Lyonnais, qui veulent aussi manifester leur sympathie à l'armée, sont là, en foule : ouvriers, bourgeois, femmes et enfants. Sur le quai de débarquement attendent le capitaine d'état-major Serres, officier d'ordonnance du général Godefroy, commandant la place et quelques personnalités.

Le train stoppe, le clairon sonne la descente, et, en moins de temps qu'il ne faut pour l'écrire, les soldats sont alignés sur le quai, sac au dos, l'arme aux pieds dans la position du fixe. Presque tous ont encore les bouquets et les petits drapeaux, souvenirs que leur ont donné la population parisienne. Mais il faut rejoindre le camp. Les commandements se succèdent, le clairon lance de nouveau ses joyeuses notes de cuivre, il faut faire une petite étape de 7 à 8 kilomètres et en route pour Sathonay.

Avec la même allure malgré le froid et le brouillard, le régiment défile.

Successivement arrivent les compagnies du 31e, Blois ; du 65e, Nantes; du 125e, Poitiers; du 48e, Guinganp; du 34e, Mont-de-Marsan; du 139e, Aurillac ; du 29e, Autun. A chacune de ces arrivées la foule était toujours là et les soldats étaient accueillis avec les mêmes cris de : Vive la France ! vive l'armée !

Tous les hommes devant former le 200e régiment (les malgaches) sont bientôt réunis et fraternisent en attendant de *répéter* les exercices d'ensemble en vue de l'expédition.

Sathonay est une petite ville de 4,200 habitants, dans le département de l'Ain, à trois lieues de Lyon ; le camp ressemble au camp de Châlons, il est formé par une série de petites maisons disposées en damier ; tout autour des « baraquements » sont de larges chemins où les soldats font ordinairement l'exercice. Puis alors, à côté, une immense plaine sert de champ de manœuvres et pour le camp volant. On fait de grands préparatifs pour l'imposante cérémonie qui va avoir lieu : la remise des drapeaux par le chef de l'État. Infanterie de marine, fantassins, turcos, tirailleurs algériens s'ingénient à qui mieux mieux pour décorer le camp : des écussons, ébauchés à la hâte, sont placés sur les portes des petites maisons et ce sont des panoplies, des trophées partout ; on dessine dans les petits jardins des maisonnettes : des cœurs, des lyres, des croix d'honneur entourées de drapeaux. Et ce sont des inscriptions : Vive l'armée, vive la France ! vive la République ! vive Félix Faure !

Ces enfants qui demain seront de véritables lions sur le champ de bataille, courent, s'entrecroisent en riant aux éclats, en échangeant des lazzis ; on dirait une troupe de gamins en récréation ou transformant la « grande cour » pour une fête. Cette insouciance du danger futur est bien française. Hélas ! cette joie si franche, ces éclats de rire si frais, si jeunes, s'ils reconfortent l'âme, ils émeuvent aussi. Combien de ces jeunes gens resteront-ils là-bas, dans la grande île africaine ! Combien ne reverront-ils plus cette terre de France qui a été leur berceau et pour l'honneur de laquelle ils vont mourir !

Mais bah ! ceux qui tomberont verront toujours le drapeau qu'on va leur donner et la gloire de mourir sous les plis flottants de l'étamine tricolore est enviable; et puis à vingt ans on ne meurt pas comme cela, on a du sang dans les veines, de ce bon vieux sang français et du « cœur au ventre ».

On prépare la salle d'honneur du 121ᵉ qui est divisée en deux parties; la première servira de salle de réception, la seconde de cabinet de toilette; la décoration est faite avec des draperies en velours envoyées par la préfecture du Rhône. On dresse une vaste tente entre le champ de manœuvres et les bâtiments des officiers; c'est là que sera servi le déjeuner offert par le président de la République.

La tente est très élégante, avec ses tentures, ses guirlandes; des cartouches et des cuirasses d'armes, des drapeaux et des pièces de canon dont l'une, datant de Napoléon Iᵉʳ, rappelle les glorieuses épopées du Petit Caporal et semble prédire la victoire.

La population de Sathonay ne reste pas non plus inactive. Une fête militaire, c'est la fête de tout le monde; les maisons se pavoisent, les mâts s'élèvent, au haut desquels flottent des oriflammes tricolores; des arcs de triomphe s'édifient où, en frontispice, on lit ces inscriptions : *Sathonay au Président! Vive la République! Honneur à M. Félix Faure! Honneur au 200ᵉ!*

On pavoise partout, on enguirlande partout. La gare, cette pauvre gare en bâti de bois, à l'aspect sale, est absolument transformée par les drapeaux et les fleurs, elle semble sourire aussi aux soldats. Le salon d'honneur est tendu de velours rouge, frangé d'or, gracieusement retenu dans ses draperies par des cordons et des glands d'or; des arbustes verts dans tous les coins et des écussons sur toutes les façades.

Les pioupious et les habitants de Sathonay ne sont pas seuls à travailler; toutes les hautes personnalités militaires s'en mêlent, et, tour à tour, on voit dans le camp, inspectant, donnant les derniers ordres et des avis, le gouverneur militaire de Lyon, général Voisin ; le commandant du corps expéditionnaire, général Duchesne ; le commandant des troupes de marine de l'expédition, général Voyron ; le commandant de la division de cavalerie du 15ᵉ corps, général de Lignères ; le commandant supérieur de la défense, général Gras ; le commandant adjoint, général Godefroy ; le commandant de la 51ᵉ brigade, général Leroy ; le colonel de Juffé, du 121ᵉ ; le colonel Gillon, du 200ᵉ ; le colonel Bouguo, du 13ᵉ d'infanterie de marine ; le colonel de L'Horme, du régiment colonial ; le colonel Houdry, du régiment d'Algérie. Tous passent, vérifient et ne se retirent que satisfaits.

Tout est prêt. Les diverses délégations militaires qui doivent assister à la cérémonie arrivent ; elles sont envoyées par le régiment d'Algérie, le 10ᵉ escadron d'Afrique, le 40ᵉ bataillon de chasseurs à pied, l'artillerie, le génie, le train des équipages, les deux régiments d'infanterie de marine. Ces délégations comprennent chacune un colonel, un porte-drapeau, un capitaine, trois lieutenants, un sous-lieutenant, un sergent-major, un sergent, un caporal, trois soldats. De plus, l'artillerie de marine envoie un capitaine et un soldat.

CHAPITRE XIV

La remise des Drapeaux

A Paris, le président de la République française s'apprête à partir pour Sathonay, M. Le Gall, directeur du cabinet, le commandant Bourgeois, officier de la maison militaire de l'Élysée, sont partis pour régler les dispositions relatives au voyage présidentiel.

Le 27 mars, à dix heures précises, M. Félix Faure descend l'escalier de l'Élysée; deux landeaux s'avancent, le président prend place dans le premier avec le secrétaire général de la présidence, le général Tournier et le chef de cabinet civil, M. Le Gall. Dans le second landeau prennent place le colonel Chamoin, les commandants Bourgeois et Lombard. Les voitures sont escortées par cent cavaliers de la garde républicaine en grande tenue de service. Le cortège, en tête duquel sont quatre trompettes et les deux officiers commandant le peloton, s'avance le long de l'avenue Marigny, à travers la foule venue saluer le chef de l'État.

Arrivé à la gare de Lyon, le président de la République est reçu dans le salon d'honneur, tendu en reps vert, aux draperies de velours de même couleurs, par MM. Noblemaire, président du conseil de la Compagnie; Regnoul, chef de gare; Picard, chef de l'exploitation; de Lamolère, inspecteur général; Lépine, préfet de police; Ribot, président du conseil des ministres; Hanotaux, ministre des affaires étrangères; Leygues, ministre de l'intérieur; le général Ministre de la guerre Zurlinden; l'amiral Besnard, ministre de la marine; le général Boisdeffre, chef d'état-major général; le commandant Moreau, le commandant Germinet et par d'autres personnalités civiles et militaires.

Un train spécial a été formé pour transporter le président de la République et sa suite; il est composé de onze voitures : deux wagons-salons réservés au président; il y prend place avec le général Tournier et le commandant Bourgeois. Une voiture lit-salon pour le ministre de la guerre, le commandant Lambert, les capitaines Lamothe et Bretaud.

Une seconde voiture lit-salon où prennent place le ministre de la marine, le colonel Chamoin, le commandant Germinet, M. Le Gall, les capitaines Blondelot et Richard.

Une autre voiture destinée au général Boisdeffre, au capitaine Dantant et aux peintres Detaille et Clairin qui, certainement, reproduiront sur la toile, pour en perpétuer le souvenir, l'imposante cérémonie à laquelle ils vont assister.

Enfin, dans d'autres voitures de première classe, montent MM. No-

Le camp de Sathonay

blemaire, de Lamolère, Picard, Ruelle, le personnel des services de la présidence, de la guerre, de la marine et de l'état-major général.

A onze heures dix minutes, le train s'ébranle. M. Félix Faure, entouré de toute sa maison militaire, se tient debout sur la plate-forme du wagon pour saluer la foule qui l'acclame aux cris de : Vive la France !

A Sathonay, où le train présidentiel doit arriver à huit heures et demie, dès le jour la petite gare est envahie; les troupes qui doivent rendre les honneurs prennent position. Tous les personnages officiels sont sur le quai : les préfets du Rhône, de l'Ain, les secrétaires généraux, le général Voyron, le député de Trévoux, etc., le maire et la municipalité de Sathonay et tous les officiers supérieurs du corps expéditionnaire.

Les troupes de la garnison sont en tenue de campagne.

A huit heures et demie le train est annoncé; la batterie d'artillerie tire les salves.

Le train entre en gare. Aussitôt le maire de Sathonay s'avance vers le président et lui souhaite la bienvenue en ces termes :

« Monsieur le Président,

« J'ai l'honneur de vous souhaiter la bienvenue et de vous présenter le conseil municipal de Sathonay.

« Soyez persuadé, Monsieur le Président, que nous sommes heureux et fiers de recevoir parmi nous le chef de l'État. »

Le président a répondu :

« Je suis touché, Monsieur le Maire, des sentiments que vous m'exprimez et suis heureux de me trouver sur le territoire de votre commune.

« Je sais de quels sentiments patriotiques est animée la population de Sathonay. Elle le prouve par l'accueil cordial qu'elle fait à l'armée. Je l'en remercie. »

Un ravissant bébé de sept ou huit ans vient à son tour souhaiter la bienvenue par un petit compliment bien tourné et surtout bien dit ; puis vient un autre chérubin, tout rose, qui offre un bouquet en zezayant quelques mots qui ressemblent à des baisers parlés.

Le président a 400 mètres à faire pour aller au camp ; la haie, sur tout le parcours, est formée par des soldats, venus de Lyon, qui présentent les armes. On forme un cortège composé de huit voitures dans lesquelles prennent place ceux qui accompagnent M. Félix Faure.

Le landeau présidentiel, traîné par quatre chevaux, porte sur les panneaux des portières deux écussons surmontés de la croix de la Légion d'honneur entouré de guirlandes de branches vertes sur des drapeaux.

Au camp, les troupes sont rangées dans l'ordre suivant : En face le 200e régiment, de chaque côté, les différentes délégations.

Aussitôt que le président a mis pied à terre, les drapeaux viennent se ranger auprès de lui : M. Félix Faure se découvre et fait immédiatement la remise solennelle.

Pour le 200e, il remet le drapeau au colonel Gillon ; porte-drapeau, lieutenant Blavier.

Celui du régiment d'Algérie est reçu par le colonel Oudri et le lieutenant Vigarosi.

Le colonel Bourguie et le lieutenant Peltier reçoivent celui du 13e régiment de marine.

Enfin, le colonel de Lorme et le lieutenant Rauch reçoivent le drapeau du régiment colonial.

La remise des drapeaux terminée, le président de la République fait face aux troupes et d'une voix forte, rendue plus vibrante par l'émotion patriotique, fait cette proclamation :

« *Officiers, sous-officiers et soldats du corps expéditionnaire de Madagascar*.

« Au nom de la Patrie française, dont il symbolise l'unité et la grandeur, je vous remets ce drapeau.

« Ses couleurs sont connues dans les mers que vous allez traverser et dans la grande île africaine où vous allez protéger nos compatriotes, défendre les intérêts du pays et imposer le respect de nos droits.

« Avec l'autorité des armes, notre drapeau porte dans ses plis le génie de la France ; vous ne l'oublierez jamais et vous saurez vous montrer dignes de la mission civilisatrice que vous confie la République.

« Au cours de cette campagne, vous aurez à affronter des difficultés sérieuses et à donner des preuves de courage, de discipline et d'endurance.

« Sous le commandement de vos chefs, vous serez à la hauteur de tous les sacrifices. Dans les marches, dans les combats, aux heures de péril et aux heures de victoire, en jetant un regard sur vos drapeaux déployés, vous sentirez que la France est avec vous.

« Nous vous suivrons avec fierté et nous attendons avec confiance le moment où vous inscrirez sur ces étendards, intacts aujourd'hui, un premier nom glorieux : Madagascar ! »

Aussitôt après cette belle allocution, les clairons sonnent au drapeau et la musique joue la *Marseillaise*. Le président fait alors la remise des décorations qu'il attache lui-même sur la poitrine de ceux qui les reçoivent.

Les troupes vont être passées en revue :
Le chef de l'État monte en voiture, et, suivi du cortège officiel, circule devant les troupes qui présentent les armes. Il regagne ensuite la route, il descend de voiture, toujours entouré du cortège officiel, pour assister au défilé : Le général Duchesne tire l'épée, salue le président et se place à ses côtés. Le défilé, musique en tête, va commencer :

Le 200e, formé en colonnes de compagnie, « emboîte » le pas redoublé, puis viennent les drapeaux avec leur garde d'honneur, les délégations des autres effectifs du corps expéditionnaire, le 200e de ligne ; enfin l'aumônier, les docteurs et les infirmiers.

La foule, pendant la cérémonie, compacte, enthousiaste, ne cesse d'acclamer l'armée, la République, le chef de l'État.

Quel spectacle grandiose dans sa simplicité et quelle émotion empoigne et fait bondir le cœur dans la poitrine! Ces vivats poussés par une foule immense, ces frénétiques bravos, les roulements des tambours, le cliquetis des armes, provoquent une véritable ivresse patriotique dont les clameurs doivent satisfaire les héros qui, de l'autre côté de la tombe, suivent la France dans tous ses mouvements !

Après le défilé, les soldats regagnent leurs quartiers respectifs et le président de la République va présider le déjeuner offert aux officiers supérieurs.

Le ministre de la guerre le remercie au nom du corps expéditionnaire de Madagascar.

C'est ainsi que s'exprime le général Zurlinden :

« Monsieur le président de la République,

« Au nom du corps expéditionnaire et de l'armée, je vous remercie respectueusement d'être venu présider la cérémonie si simple et cependant si imposante de la distribution des drapeaux aux troupes de la guerre et de la marine désignées pour la campagne de Madagascar.

« Votre visite au camp de Sathonay, jointe à celles que vous avez déjà faites dans les casernes et hôpitaux militaires de Paris, jointe à l'honneur que vous avez fait au conseil supérieur de la guerre en présidant vous-même ses séances les plus importantes, votre visite d'aujourd'hui est pour l'armée un précieux témoignage de votre sollicitude.

« L'armée vous répondra par son très respectueux et entier dévouement, et elle ne pourra mieux vous témoigner sa profonde reconnaissance qu'en redoublant de zèle pour remplir complètement tous ses devoirs.

« Les officiers et les troupes qui vont se mettre en route pour Madagascar et dont vous venez de voir une partie défiler si brillamment devant vous, vous en fourniront bientôt des preuves.

« Tous les vœux de l'armée, les souhaits du gouvernement et de la République tout entière, suivront nos camarades au-delà des mers dans cette île qui est depuis longtemps une terre de France et où ils vont rétablir l'ordre et la paix.

« C'est en leur nom, comme en celui de toute l'armée, que je lève mon verre aujourd'hui en l'honneur de M. le président de la République. » -

M. Félix Faure a répondu au ministre de la guerre par le toast dont voici le texte et qui a profondément touché les convives :

« Mon cher ministre,

« Je suis très touché des paroles que vous venez de prononcer et des sentiments que vous m'exprimez au nom des troupes de la guerre et de la marine désignées pour l'expédition de Madagascar.

« L'armée, sauvegarde et espoir de la patrie, est l'objet constant de la sollicitude du gouvernement de la République et de la nation tout entière.

« En toute circonstance, elle doit compter sur la sollicitude du chef de l'État.

« Personnellement, je m'honore de lui avoir appartenu à une heure de danger et je reste profondément attaché de cœur à cette virile école du devoir, du patriotisme et de l'honneur.

« Ainsi que vous le rappelez, le pays a, depuis vingt-cinq ans, consenti tous les sacrifices pour l'armée ; de son côté, l'armée a répondu à l'attente du pays. Elle persévèrera dans la voie du travail ; elle conservera ses belles traditions de valeur et de discipline ; elle acquerra la force nécessaire pour assurer la paix par la grandeur de la Patrie.

« Le spectacle imposant auquel nous venons d'assister ne laisse aucun doute sur la solidité des belles troupes auxquelles la République confie la défense de ses droits. Elles seront les dignes émules des vaillants équipages de la division navale de l'Océan indien et sous le commandement du général Duchesne, placé à leur tête par la confiance du gouvernement, elles sauront justifier nos légitimes espérances.

« Je lève mon verre en l'honneur de l'armée et de la marine, et au nom de la grande famille française, je bois à tous ceux de ses enfants, soldats et marins qui vont au loin combattre pour l'honneur et les intérêts de la France. Je les confonds tous dans une même pensée affectueuse qui les suivra au-delà des mers. »

Après les toasts, le président retourne au camp pour voir les soldats qui ont revêtu le costume colonial; de là, il se dirige vers la gare et quitte Sathonay salué par les mêmes acclamations qui l'ont accueilli lors de son arrivée. Avant de partir, il a fait distribuer une double ration de vin et demandé que toutes les punitions soient enlevées.

Enfin voici l'ordre du jour que le général Duchesne adresse aux troupes du corps expéditionnaire :

« Officiers, marins et soldats,

« Au moment de quitter la France pour aller me mettre à votre tête, je tiens à vous dire d'abord combien je suis fier d'avoir été choisi par le gouvernement de la République pour vous commander. Vous me connaissez de longue date. Beaucoup d'entre vous ont servi avec moi en Afrique, au Tonkin, à Formose. De mon côté, j'ai vu à l'œuvre les excellentes troupes qui me sont confiées : officiers et hommes de troupe de la marine et de l'armée de terre, j'ai confiance en vous et vous savez que vous pouvez compter sur moi.

« La campagne que nous allons entreprendre sera peut-être pénible ;

j'estime qu'elle peut et doit être courte. Vous saurez opposer à nos adversaires, à la maladie, aux privations, les habitudes d'une forte discipline, la vigilance dans le service, la sûreté, la vigueur dans l'action, l'énergie physique et morale.

« Toutes les précautions dictées par l'expérience sont prévues pour vous prémunir contre la fièvre ; vous y aiderez vous-même en vous conformant aux règles de propreté et d'hygiène et en prenant scrupuleusement les remèdes préventifs qui ne vous seront pas ménagés. Chacun y veillera dans sa sphère. Pour moi, la troupe la mieux commandée sera celle qui aura le moins de malades.

« Le gouvernement vous envoie à Madagascar pour faire respecter nos droits méconnus, y établir l'ordre et développer dans cette île à laquelle tant de souvenirs nous rattachent, les germes de notre civilisation qui y ont été jetés depuis longtemps.

« Dans vos rapports avec les indigènes, vous n'oublierez jamais que les Malgaches sont, tous, les protégés de la France ; vous respecterez leurs personnes, leurs familles et leurs propriétés. Ceux d'entre eux qui se présenteront pacifiquement à vous devront être reçus en amis.

« Ceux même que vous aurez combattus devront, une fois désarmés, être traités avec justice et avec douceur. Si je suis décidé à ne tolérer ni abus de la force ni violence de la part de mes soldats vis-à-vis des habitants indigènes de l'île et des étrangers qui y sont régulièrement établis, à me montrer bienveillant pour tous et à récompenser les services que les uns et les autres pourront nous rendre, je n'hésiterai pas davantage à punir, selon la gravité de la faute et au besoin avec toute la rigueur des lois militaires, ceux qui ne respecteraient pas notre drapeau, le trahiraient ou tenteraient de résister au légitime exercice de mon autorité. Que chacun s'en tienne bien pour averti. »

C'est bien là le noble et beau langage du soldat, c'est bien là aussi le sentiment français que nous confirmons dans notre préface. Le général Duchesne se préoccupe beaucoup du côté humanitaire, il ordonne le respect des ennemis vaincus, il commande pour eux les bons traitements, il dit bien que la France fait œuvre de civilisation, qu'il faut la faire aimer ; c'est toujours la même pensée dominante que l'on retrouve chez tous les Français.

CHAPITRE XV

Le Matériel de guerre. Le Départ. A Madagascar

es troupes et le matériel partent pour Madagascar dans l'ordre suivant :

Le 29 mars, le *Cachemire*, de la Compagnie nationale, ayant à bord 4 officiers supérieurs, 42 officiers, 61 sous-officiers, 986 soldats et caporaux. Le matériel chargé sur ce transport comprend, en dehors de 28 chevaux et 73 mulets, 410 quintaux de farine, 42 de sel, 280 de riz, 23 de haricots, 42 de sucre, 225 hectolitres de vin, 36 hectolitres de tafia, 28 caisses de thé, 3,504 caisses de conserves, 12 prélarts, 2 fours démontables, 165 colis d'appareils divers, 100 voitures, 248 caisses de harnachements, 88 caisses d'armes, 2 mitrailleuses, 374 caisses de cartouches.

Le 30 mars, la *Californie*, de la Compagnie des Chargeurs-Réunis, quitte le port de Marseille, avec 3 officiers, 1 sous-officier, 123 caporaux et soldats, 2 chevaux, 68 mulets et 455 tonnes de matériel et denrées.

Le 31 mars, l'*Egypte*, appartenant à M. Salles, avec 13 officiers, 20 sous-officiers, 672 soldats de la guerre et de la marine, 77 chevaux, 460 mulets, 1,280 tonnes de matériel.

Le 1er avril, le *Liban*, de la Compagnie Fraissinet, avec 22 officiers, 46 sous-officiers, 773 caporaux et soldats, 30 chevaux, 40 mulets.

Le même jour, le *Canton*, de la Compagnie nationale, avec 5 officiers, 238 soldats, 4 chevaux, 413 mulets, 160 voitures et 800 tonnes de matériel.

Le 6 avril, le *Chandernagor*, à la Compagnie nationale et l'*Entre-Rios*, aux Chargeurs-Réunis, avec 42 officiers, 34 sous-officiers, 417 soldats, 267 chevaux, 315 mulets et 3,400 tonnes de matériel.

Le 12 avril, le général Duchesne et son état-major prennent passage sur l'*Iraouaddy*, des Messageries maritimes ; le *Cachar*, de la Compagnie nationale, le suivra avec 70 officiers, 71 sous-officiers, 1,090 caporaux et soldats, 59 mulets et 1,500 tonnes de matériel.

Le *Rio-Negro*, des Chargeurs-Réunis, part le même jour ayant à bord la 1re compagnie du 1er bataillon du 200e, avec 25 officiers, 23 sous-officiers, 699 soldats, 89 chevaux, 141 mulets et 1,000 tonnes de provisions diverses.

La *Dordogne*, des Messageries maritimes, part le 13 avril, ayant à bord 10 officiers, 571 sous-officiers, caporaux et soldats, 6 chevaux, 450 mulets et 2,000 tonnes de matériel.

Le 14 avril, le *Tigre*, appartenant aux Messageries maritimes, avec 34 officiers, 43 sous-officiers, 747 caporaux et soldats, dont une fraction du 200°.

Le 17 avril, la *Caroline*, des Chargeurs-Réunis, avec 50 officiers, 8 sous-officiers, 60 soldats, 400 mulets, 1,500 tonnes de matériel de guerre.

Le 19 avril, l'*Uruguay*, des Chargeurs-Réunis, avec 38 officiers, 60 sous-officiers, 1,128 caporaux et soldats, dont le 2° bataillon du 200° et 1,000 tonnes de matériel divers.

Le *Château-Yquem*, des Chargeurs-Réunis, part le 20 avril, avec 75 officiers, 60 sous-officiers, 840 caporaux et soldats, les états-majors de la 2ᵉ brigade et du 13ᵉ d'infanterie, le 1ᵉʳ bataillon du 13ᵉ d'infanterie, 20 chevaux, 137 mulets.

Le *Paraguay*, de la même Compagnie de navigation, part le 21 avril, avec 30 officiers, 65 sous-officiers, 1,150 caporaux et soldats, y compris le 3ᵉ bataillon du 200ᵉ, 1,000 tonnes de matériel.

Le *Massilia*, de M. Cyprien-Fabre, le même jour, avec 11 officiers, 438 sous-officiers et soldats, 44 chevaux, 230 mulets, 1,300 mètres cubes de matériel de guerre.

Le *Thibet* et l'*Amérique*, de la Compagnie Fraissinet, partent le 24 avril, avec 1 officier supérieur, 12 officiers, 74 sous-officiers,

970 caporaux et soldats, 105 chevaux, 345 mulets et 1,200 tonnes de matériel et de provisions.

Le *Berry*, de la Société Générale, le 25 avril, avec 8 officiers, 21 sous-officiers, 1,020 caporaux et soldats, 220 mulets, 175 tonnes de provisions.

Le *Maroc*, appartenant à M. Verdeau, le 27 avril, avec 7 officiers, 12 sous-officiers, 100 caporaux et soldats, et 187 mulets.

Le *Foulah*, de la Compagnie de l'Afrique-Occidentale, le 29 avril, avec 4 officiers, 4 sous-officiers, 89 soldats, 182 mulets, 1,500 tonnes de provisions.

L'*Anatolie*, appartenant à M. Paquet, le 30 avril, avec 9 officiers, 148 sous-officiers, caporaux et soldats, 199 mulets et 1,800 tonnes de matériel de guerre.

Enfin, le 1er et le 2 mai, le *Canarias*, des Chargeurs-Réunis, et le *Vercingétorix*, de MM. Caillaux et Saintpierre, quittent la France, ayant à bord 16 officiers, 26 sous-officiers, 205 caporaux et soldats, 740 mulets et 2,300 tonnes de matériel et de provisions.

Général METZINGER, Commandant la première brigade

A MADAGASCAR

Nous allons quitter la France pour nous transporter à Madagascar et voir ce qui s'y passe.

Ainsi que le dit le général Duchesne, tout fait prévoir que la guerre ne saurait être longue. Si le gouvernement prend des précautions aussi grandes, c'est qu'il est sage et qu'il veut être, sur place, en mesure de faire face à des éventualités qui ne peuvent être prévues. Les Hovas, la chose est certaine, seront promptement réduits; leur armée de 30,000 hommes, peut-être moins, n'est pas en mesure de résister à nos 15,000 braves qui, sous la conduite d'un chef aussi distingué que le leur, peuvent faire des merveilles. Les mauvaises chances qu'il faut le plus considérer pour nous sont les fièvres, contre lesquelles on ne lutte pas avec des armes, et l'inaccessibilité du terrain. Cependant, si nous avons peu d'amis parmi les Hovas, ceux que nous y avons restent fidèles et les défections qui se sont déjà produites dans leur armée en sont une preuve. Quant aux autres peuples, ils sont en partie avec nous; la domination des Hovas leur est lourde et ils voient avec joie notre expédition qui les soustraira au joug arbitraire d'un gouvernement fait d'ignorance, d'autorité violente et surtout d'inhumanité.

Ou les Hovas resteront dans le Nord, et alors l'expédition sera rapidement terminée, en tenant compte, toutefois, de l'interruption forcée qu'occasionnera la saison des pluies, car dès qu'il pleut, les terrains déjà difficiles, deviennent absolument impraticables à cause de la nature du sol argileux qui se détrempe. Ou alors ils se réfugieront vers le Sud. Dans ce cas, ce sera beaucoup plus long et surtout très pénible, cette partie de l'île étant en grande partie inconnue. Quoi qu'il en soit, la victoire nous restera; c'est une question de temps. Toutes les dispositions sont bien prises; on voit, par l'énumération des départs que nous venons de faire, et que d'autres suivront s'il y a lieu, que tout a été prévu et nous reverrons, sinon tous nos soldats, hélas! mais les drapeaux qui leur ont été remis par le président de la République revenir, ainsi que M. Félix Faure l'a prédit, portant dans leurs plis entourés de lauriers le mot : Madagascar!

Les aventuriers qui encadrent l'armée des Hovas, s'ils possèdent les connaissances techniques des choses militaires, n'ont pas le feu sacré du patriotisme qui anime nos soldats. Tenus quand même en suspicion par la cour, ce qu'ils n'ignorent pas, s'ils sont un seul instant abandonnés par la nation à laquelle ils appartiennent, ils se retireront, et alors ce sera la débandade générale chez les Hovas qui n'entreprennent cette guerre que parce qu'ils se croient soutenus par ailleurs, ils espèrent, à un moment donné, des secours à l'envoi desquels s'opposent les convenances les plus élémentaires des relations nationales.

D'ailleurs, les sentiments qui agitent la cour et l'aveuglent au point de provoquer un conflit où peut crouler le trône de Ranavalo, sont de nature à troubler la direction de l'armée des Hovas.

Le premier ministre déteste la reine sa femme; quoique disposant du pouvoir à son bon plaisir, il jalouse la qualité qui le donne, et ses pensées sont bien connues de la reine. Naturellement les courtisans forment deux partis que des ambitions diverses alimentent. S'il y a guerre pour la défense du territoire, il y a lutte entre les chefs pour la conservation ou l'accaparement du pouvoir. Ce sera là la cause du désordre, si la France n'a affirmé son prestige avant.

Les hostilités sont commencées et déjà nos soldats ont remporté des victoires.

Le gouvernement hova a, de son côté, pris des dispositions pour soutenir la lutte, et la reine fait un appel aux armes. Elle lance d'abord un manifeste dont voici le texte :

« Malgaches !

« Quand mes ancêtres enrôlaient les soldats alakarao, ils leur disaient :

« Vous resterez cinq ans dans le service militaire, et lorsque ce temps sera écoulé, on vous remplacera par d'autres. Mais, bien que vous ayez été remplacés, lorsque le royaume aura besoin de vous, il y aura un signal sur chaque montagne et vous pourrez comprendre que vous êtes appelés à revenir. Selon les paroles de mes ancêtres, vous avez été remplacés et vous êtes revenus des civils parce que je suis une reine qui ne trompe jamais ! Aujourd'hui, le royaume est menacé d'une guerre par la France ; en conséquence, le drapeau rouge sera hissé sur les douze montagnes le jeudi 13 du mois d'adalo (janvier), afin que vous, volontaires alakarao et fanevemana, puissiez vous assembler et revenir dans votre ancienne condition.

« Ce n'est pas moi seule qui ai la responsabilité de ce royaume ; elle m'appartient avec toi, ô mon peuple ! et, par conséquent, il n'est personne (soldats ou civils) qui ne doive se lever pour protéger notre sol, une bonne chose qui nous a été donnée par Dieu !

« RAVANALO MANJAKA. »

Le premier ministre n'est pas satisfait de cet appel au peuple; il lui faut autre chose où il puisse, à son tour, affirmer son autorité, se montrer l'époux et le maître.

Il ordonne une convocation générale du peuple à un grand kabary où il prendrait la parole.

Cette assemblée extraordinaire a lieu quelques jours après le message royal.

La reine, en grand costume, se tient debout sur une estrade que surmonte un dais; à côté d'elle, sur une table, sont placés un grand livre, à coins de métal, c'est la Bible; puis une épée nue.

Le premier ministre se tient à quelques pas d'elle aussi en grand costume; un serviteur, portant une pique et un bouclier, est immédiatement placé derrière lui. Le peuple entoure l'estrade.

La séance est ouverte par des prières dites pour la souveraine, les devins font des évocations d'esprits, les conseillers débitent des injures contre la France.

Comme l'usage ne veut pas que l'on approche la reine sans lui donner, les tribus présentes font leurs offrandes en argent et en or.

Quand ces formalités sont remplies, la reine prend la parole; elle redit, en le paraphrasant, son appel au peuple, s'étend longuement sur sa bonté, la franchise de son amour pour ses sujets. Puis, tout à coup, comme grisée par ses propres paroles, elle s'empare de l'épée, qui est près de la Bible, et, en l'agitant avec frénésie, elle s'écrie :

« Peuple, tu me suivras; peuple, tu auras le courage et la volonté de défendre ce sol que Dieu m'a donné aussi bien qu'à toi. Je ne suis qu'une femme, mais je saurai retrouver la valeur de mes ancêtres pour défendre mon royaume. »

Puis s'adressant à son armée, elle fait aux soldats mille compliments sur leur adresse, leur force, leur courage; elle s'étend longuement sur leur belle attitude et va jusqu'à s'extasier sur leur beauté physique !

Après les compliments, elle passe aux promesses les plus rassurantes, pour l'avenir et, naturellement, pour stimuler le patriotisme, elle présente la France comme un obstacle à la réalisation de ces promesses.

A ce moment, le premier ministre intervient; s'emparant du bouclier et de la pique que portait son serviteur, il passe l'un à son bras, et, brandissant l'autre au-dessus de la tête, il se précipite comme un furieux auprès de la reine :

« Au nom du peuple tout entier qui m'approuve, moi je fais le serment de défendre la patrie et d'en chasser les Français. »

Puis, il fait son discours, discours méchant, rageur, qu'il termine en déclarant que tout le monde l'approuve.

C'est surtout à la reine que s'adresse Rainilaiarivoni. Il lui présente d'abord une pièce d'argent entière en signe de joie et appelle sur elle les bénédictions du ciel, lui souhaite un long règne; il l'assure de l'amour de son peuple et du sien en particulier.

Nul n'ignore parmi les Malgaches l'inimitié qui divise la souveraine et le premier ministre, son mari, qui la domine de son autorité et jalouse son prestige; rien n'est moins certain que cet amour du peuple pour le chef de l'État dont la tyrannie l'accable, et malgré cela on applaudit. Le moyen, d'ailleurs, de faire autrement dans un pays où l'opposition est si sévèrement punie.

— Votre Majesté, que Dieu bénisse, ainsi parle l'armée, s'écrie le ministre, Nous n'en dirons pas long.

Et il déclare que la couronne n'appartient qu'à sa souveraine, parce qu'elle lui a été transmise par les ancêtres et que le peuple, comme l'armée, est là pour conserver cette couronne et défendre le royaume.

Après une longue diatribe contre la France, où les Français sont fustigés d'importance, ce qui provoque de frénétiques vociférations, le ministre continue :

— Sur notre fidélité à votre couronne et votre pays, et surtout en présence des tentatives faites par la France, nous jurons à Votre Majesté qu'elle peut se reposer sur Nous, sur son armée et ce que nous disons est la vérité, ô reine ! Nous perdrons la vie pour votre couronne et pour le pays.

Enfin, il termine en assurant la reine du concours des étrangers, nous allions dire des Anglais, qui l'aiment, la respectent et par le sacramentel :

Est-ce bien ainsi ? ô peuple ! ô armée !

Les chefs des tribus sont invités à prêter aussi serment entre les mains de la reine et sur la Bible ouverte ; ils défilent docilement et jurent. Tous les assistants jurent avec la même habitude de faire ce qui leur est commandé, mais ne mettant pas plus de franchise dans leur acte que n'en ont mis les maîtres dans leurs emphatiques discours.

Un kabary militaire est aussi tenu sous la présidence du premier ministre, qui y réédite son discours et la scène du bouclier et de la sagaie.

Après lui, le prince Ramanatra et plusieurs officiers prennent la parole et les serments de défendre le sol et de mourir se renouvellent.

— Longue vie à Votre Majesté, déclame le prince, qu'elle ignore la maladie et conserve l'amour de son peuple.

Nous, votre armée, qui avons reçu vos remerciements et gagné l'admiration du peuple, tout ce que nous sommes, nous le devons à notre chef, votre premier ministre.

Nous le conserverons, cet homme, qui arrange tout bien pour son commandement et traduit bien les expressions étrangères de commandements en notre langue.

Ce qu'il fait est très bien fait et nous en informerons Votre Majesté : Que Dieu vous bénisse, soyez chérie de votre peuple.

Et vous premier ministre et notre commandant, vous pouvez compter sur nous, votre armée, pour accomplir vos ordres.

Nous, votre armée, nous vous obéirons, même s'il y a des ordres qui exigent que l'on meure, nous les accomplirons.

Est-ce bien ainsi? ô soldats?

Pendant ce temps, nos troupes s'emparent de Majunga, et le commandant Bien-Aimé adresse aux populations de Madagascar la proclamation suivante :

« Peuple de Madagascar !

« Le gouvernement français n'a pu obtenir par des voies pacifiques l'observation du traité de protectorat qu'il avait signé, le 17 décembre 1885, avec la reine Ranavalo III.

« Trompée par la politique fallacieuse du premier ministre Rainilaiarivoni, qui non seulement n'a pas tenu son engagement de traiter avec bienveillance les Sakalaves et les Antokares, mais les a, au contraire, molestés en massacrant les plus dévoués, la France, émue de vos souffrances, reprend aujourd'hui ses droits et vient à votre secours.

« Vous pouvez compter sur son appui. Venez franchement à nous, et vous trouverez, à l'ombre de notre pavillon, aide et protection.

« Vos mœurs, vos usages, les tombeaux de vos ancêtres, vos propriétés, vos femmes et vos enfants seront respectés.

« Aucun de vous ne sera enlevé de force de son village pour faire la guerre.

« Ceux qui nous aideront, comme travailleurs ou porteurs, ceux qui vendront leurs bœufs ou toutes autres provisions, seront régulièrement payés.

« Le régime de tyrannie, sous lequel vous avez vécu jusqu'à ce jour, sera remplacé par un régime de liberté. Venez à nous avec confiance et après nous avoir aidés à secouer le joug qui vous opprime vous jouirez des bienfaits de la paix et de la civilisation. C'est le gouvernement de la République qui vous fait ces promesses par ma bouche. Il est décidé à faire tous les sacrifices pour les réaliser. »

Toujours le même esprit d'amour, de bienveillance et d'humanité; toujours la France dans ces proclamations, nous l'avons déjà vu dans les discours du président de la République et des officiers supérieurs, transcrits précédemment.

Les Malgaches ne sont pas habitués à entendre un pareil langage; il ne faut pas s'étonner s'ils ne l'acceptent qu'avec une arrière-pensée de méfiance. Habitués à l'injustice et à être conduits à coups de bâtons par leur gouvernement, ils ne peuvent croire tout de suite à la sincérité de la main qui se tend amicale vers eux pour les secourir.

Les victoires que nos troupes ont déjà remportées, où les ennemis ont perdu beaucoup des leurs, doivent faire méditer les Hovas. Considérés par eux comme impuissants à les combattre autrement que par mer, ils se sont bercés de l'illusion que nous n'irions pas au-delà des côtes, c'est-à-dire pas plus loin que la portée des canons de nos navires. Ils doivent voir maintenant combien ils se trompaient, et s'ils n'ont pas encore le regret de s'être engagés dans cette guerre, ces regrets pourraient bientôt venir. Il ne serait même pas impossible que voyant nos troupes s'avancer, la reine, et surtout le premier ministre, ne demandent à entrer à composition.

En attendant, les Hovas incendient les villages dans les environs des points occupés par les Français; ils détruisent, de cette façon, les établissements que les Européens ont abandonnés.

Le premier ministre compte sur le passage des bateaux anglais pour le service de sa correspondance avec Londres, il y compte peut-être aussi pour autre chose; les protestants qui sont dans son entourage renforcent ces espérances.

Les colons ne sont plus en sûreté nulle part; la cour a cependant promis de les protéger, mais cette promesse est sans valeur aucune; à l'intérieur, les Hovas les pillent et les tuent. Déjà on compte des victimes, parmi lesquelles M. Charles Sornay, le fondé de pouvoirs du plus ancien colon, et d'autres. Aussi la population étrangère abandonne-t-elle ses établissements pour venir sur les côtes chercher un refuge.

Ranavalo Manjaka, qui ne se montrait que très rarement et ne se laissait point approcher, parcourt maintenant la ville, parlant à tous de la terre de ses ancêtres et incitant son peuple à prendre les armes pour chasser les Français qui, dit-elle, viennent s'emparer du territoire et oppresser les Malgaches. Heureusement que l'on sait bien ce que valent les paroles de la reine et ses sujets eux-mêmes ne leur accordent qu'un crédit très limité. En dehors des Hovas, la plupart des Malgaches qui habitent l'île et même une fraction de ceux qui résident à Tananarive, attendent les Français comme des libérateurs. Les indigènes qui se sont enrôlés dans notre armée nous ont déjà donné des preuves de leur dévouement en combattant avec beaucoup de vaillance les soldats de la reine. Cette attitude secondera les efforts de la France qui vaincra les rebelles et leur fera connaître, malgré eux, les bienfaits de sa civilisation.

Toutes les cérémonies royales, où les imprécations s'entrecroisent avec les serments les plus terribles, pourraient faire croire à une levée de héros prêts à mourir pour une cause sainte..... ou à une révolte de gamins mal élevés voulant exterminer professeurs et maîtres d'études.

Les extravagances les moins vraisemblables y sont souvent criées entre deux hoquets provoqués par l'ivresse.

En attendant que « le sang des Français fertilise la plaine et les monts et laisse l'ineffaçable empreinte rouge de leur défaite sur la terre des ancêtres », les liqueurs fortes coulent à flots, le rhum chauffe les enthousiasmes, exalte les esprits. Dans l'ivresse des rêves alcooliques, les Malgaches voient Ranavalo Manjaka en une resplendissante auréole de laurier et de myrte.

L'État fait des dépenses énormes en consommation de rhum.

La parade royale est une véritable folie ; ce qui est plus sérieux, ce sont les travaux des sir Wilson, sir Graves et autrs *seurs*. Ils n'accordent aux orgies oratoires que juste le temps nécessaire à l'explosion de l'enthousiasme ; leur attention se concentre ailleurs de façon plus utile.

Des ateliers ont été improvisés par ces auxiliaires où, sous leur direction, on fabrique des cartouches en quantité énorme. On possède dans ces ateliers des machines pour la confection des douilles, le matériel nécessaire pour la fabrication des armes et de tous les engins de guerre. Les indigènes travaillent sans discontinuité, sous la direction d'hommes de nationalité anglaise ayant les connaissances techniques.

Ceci est autrement sérieux et ne laisse pas de faire naître certaines appréhensions.

Les journaux anglais de Tananarive exultent en calomnies odieuses contre la France et les Français. Ils ne craignent pas, à l'aide de mensonges et d'infamies qui sont la base de leurs meilleurs arguments, de pousser la population aux excès les plus blâmables. Les brutes qui les lisent ou auxquelles on les lit applaudissent sans trop comprendre.

Voici, à titre de spécimen de cette belle prose, la fin d'un violent article publié par le *News Madagascar* :

« Et si l'étranger, le Français maudit, venait, malgré tous les obstacles dressés sous leurs pas, s'ils venaient, ce qu'à Dieu ne plaise, jusque sous les murs de *notre* inviolée capitale, n'hésitons pas, plutôt que de la laisser souiller, à *la livrer aux flammes.* »

Pour peu, les singuliers écrivains de ces articles recommanderaient de badigeonner au pétrole les habitations pour être prêtes à l'incendie lorsque les Français arriveront au pied de la capitale.

Ces sortes de conseils ainsi donnés sont exécrables; malheureusement, on leur accorde un certain crédit, et ils entretiennent les colères.

Nous devons consigner, toutefois, qu'une fraction de la colonie anglaise fait des vœux pour le succès de nos armes; cela pourrait être une compensation morale. Mais ce sont là simplement des vœux formulés par des commerçants qui ont probablement peur de voir ruiner leur commerce.

Un parti de la paix règne à Madagascar ; il est encore peu nombreux, mais il augmente avec l'approche de nos troupes et on peut admettre dans les choses possibles l'explosion de la révolte intérieure provoquée par les mécontents.

Le général Duchesne n'a pas attendu la fin des travaux pour commencer l'action. En effet, la construction des ateliers de la marine, des chaloupes fluviales destinées au transport des troupes jusqu'à Mevatanana ne se réalise que très lentement.
Attendre encore, c'était peut-être compromettre les plans élaborés par les généraux, dans tous les cas, les soumettre à des modifications regrettables. Il a passé outre.

Nos colonnes sont parties par la voie de terre. Malgré ce surcroit de fatigues et de dangers imposé à nos vaillants troupiers, ceux-ci bravent tout avec un courage admirable ; ils franchissent les routes malgaches précédés des pionniers et des ingénieurs qui s'efforcent de faire disparaître les plus grosses difficultés.

Les endroits les plus pénibles qu'il a fallu franchir sont situés au Sud de Maoravay; il n'y a là que des marais et des plaines marécageuses et ce n'est pas impunément qu'ils ont été traversés; beaucoup y ont gagné des maladies. Quelques-uns y ont trouvé la mort.

Ces considérations n'arrêtent rien et surtout n'empêchent pas le succès.

Les Hovas, surpris par la promptitude des attaques de nos troupes, par cette activité prodigieuse à laquelle ils ne sont pas le moins du monde habitués, fuient devant elles.

Les formidables lignes de défense élevées le long du Kamous et de la Betsiboka, jusqu'à Ampahiribé et au confluent des deux rivières, leurs camps retranchés et leurs fortis, sont impuissants à arrêter la marche en avant. A peine tentent-ils de barrer la route, ils reconnaissent vite leur infériorité et cherchent le salut dans la retraite. Ils ne supposent pas que nos soldats aient la hardiesse de les suivre dans les montagnes de l'Imérina et notre audace les déconcerte.

Les soldats hovas, sans en excepter leurs officiers, se soucient beaucoup plus de conserver leur vie que de lutter ; ils désertent en masse.

On a déjà parcouru plus de 200 kilomètres dans le pays ennemi; c'est un véritable prodige, surtout si l'on considère que cette partie de la route est la plus insalubre, sinon la plus hérissée d'embûches.

La prise la plus importante qui a encore été faite est celle de Mevatanana.

Le 6 juin, le bataillon de la légion étrangère, soutenu par la

15ᵉ batterie d'artillerie et la cannonnière *Brave* a passé de force la Betsiboka. Les troupes continuent le mouvement devant Mevatanana; les Hovas essaient la résistance, l'action est fortement engagée. Enfin, deux batteries braquent leurs bouches et lancent sur l'ennemi deux obus allongés. Affolés, les Hovas battent en retraite en désordre et se laissent prendre deux canons à tir rapide.

La ville est prise.

Suberbieville, qui vient après, est prise de même. Cette dernière cité, comprend de cinq à six cents habitants; elle a été fondée par un de nos compatriotes, M. Suberbie; de là le nom de Suberbieville. Elle est un centre industriel d'une importance relative. Placée au bord de l'Ikopa, elle comprend de nombreux établissements, notamment une Compagnie de mines d'or qui vient d'être récemment constituée et dont les travaux sont à peine commencés. Avant la guerre, Suberbieville n'était pas occupé militairement. Ce n'est que depuis la déclaration de guerre que le gouvernement y a établi une garnison dont la composition vient de disparaitre sous l'attaque des Français.

Il est certain que le corps expéditionnaire avancera toujours avec le même succès vers Tananarive. Il a atteint maintenant les régions saines et la santé étant excellente parmi nos soldats, les victoires n'en seront que plus faciles.

On ne rencontrera une résistance réellement opiniâtre que sous les murs de la capitale. Il semblerait même que les défaites des places défendues ne sont qu'une tactique pour nous donner une confiance illusoire et nous empêcher de prendre les mesures nécessaires à une opposition suffisante contre les forces concentrées à Tananarive.

Si c'est une tactique, elle sera déjouée ; les canailleries de Rainilaiarivoni comme de ses conseillers d'Outre-Manche ne prévaudront pas contre le talent et la valeur militaire de nos généraux.

CHAPITRE XVI

Le trajet du Corps expéditionnaire

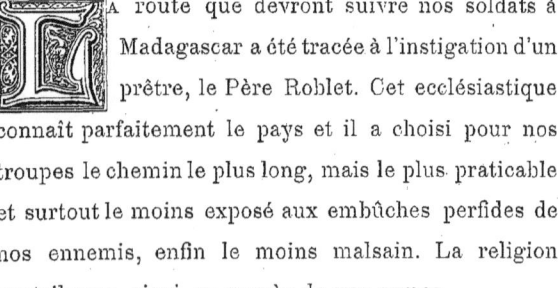

La route que devront suivre nos soldats à Madagascar a été tracée à l'instigation d'un prêtre, le Père Roblet. Cet ecclésiastique connaît parfaitement le pays et il a choisi pour nos troupes le chemin le plus long, mais le plus praticable et surtout le moins exposé aux embûches perfides de nos ennemis, enfin le moins malsain. La religion contribuera ainsi au succès de nos armes.

Voici, d'après les documents les plus récents (1), quel est le chemin que doivent suivre nos soldats pour aller de Majunga à Tananarive.

(1) D'après le Père Roblet, le Père Collin, M. Grandidier, M. d'Anthoüard, etc.

La route monte vers le plateau d'Émyrne, accidentée, irrégulière, comme au hasard. Son parcours pierreux traverse des sites sauvages et pittoresques ; elle rampe rapide sur des monticules, à travers des broussailles et des rochers, redescend, en un même cahot, dans un ravin profond, pour remonter brusquement. Puis elle continue, droite ou en courbes multiples, franchissant des steppes, des oasis; s'enfonce dans des forêts, contourne des flaques d'eau infectieuses grimpant toujours, insolée ou sous des ombrages mystérieux, pour atteindre le plateau de l'Imérina.

Le long de ce parcours, où aucun chemin n'est tracé, et qui, par ce fait, est difficilement praticable, sont flanqués de nombreux groupes de cases habitées par des tribus ou des familles, quelques villages importants et des points de défense.

Le cours d'eau longe parallèlement, navigable jusqu'à deux cent cinquante kilomètres environ de Tananarive.

En quittant Majunga, le premier endroit habité que l'on rencontre est le hameau de Amparingidro, où sont réunies dix à douze cases misérables.

Puis viennent :

Le camp retranché de Ambohitromby, avec une batterie, au haut d'une montagne, à deux cents mètres d'altitude. Cette batterie, établie par les Hovas, est parfaitement située pour garder l'entrée de la baie, mais elle n'inspire plus aucune crainte.

Plus loin, à soixante mètres d'altitude, on trouve encore une quinzaine de cases réunies qui forment le village d'Anabotokely.

Maevarona, composé d'une trentaine de cases, est presque sur les bords du fleuve; il y a encore quelques ouvrages militaires.

Ambatobe comprend quelques cases.

Général VOYRON, Commandant la deuxième brigade

Miadana est un centre plus important que les précédents, il compte de cinquante à soixante cases.

Andranafava, Ampihaonara et la ville de Marovoay.

En quittant Miadana pour venir à Marovoay, la route devient plus inaccessible; ce ne sont plus que des sentiers qui se perdent dans des broussailles coupées, en intervalles, par des ruisseaux difficiles à franchir; il y a même une rivière qu'on ne peut franchir qu'en pirogue; le terrain est argileux, praticable s'il est sec, mais dans lequel on s'enfonce s'il est détrempé par les pluies; des marres d'eau corrompue empestent l'atmosphère. Naturellement les insectes, notamment des moustiques dangereux, y sont légion.

Marovoay est une véritable ville; composée de cases et de vraies maisons, elle comprend près de quatre mille habitants, des postes militaires, un gouverneur; c'est aussi un petit centre commercial.

La ville est fortifiée; les travaux de défense ont été exécutés par les Hovas sur les collines environnantes.

En quittant Marovoay, et toujours en montant, on traverse des rizières et des bois pour atteindre Ambohibary, formé par vingt-trois cases; Ambodifiakarana, Androlta, village sakalave, formé par une quinzaine de cases, à trente mètres d'altitude.

On entre dans une vaste plaine, très touffue en hautes herbes et parsemée de palmiers; le chemin est ici commode, mais on n'y trouve pas d'eau, ce qui le rend pénible à parcourir par la chaleur accablante qu'il y fait. Cependant après avoir passé le village de Bafotaka, qui vient après Androlta, on se rapproche du cours en atteignant le fort hova de Mahatomboka et le village sakalave de Trabongy avec ses quarante cases.

En arrivant à Andro, on prend un sentier qui conduit sur les bords de la rivière d'Ikamory, où vingt cases forment le village d'Ambato, puis on longe les bords de Betsiboka. On traverse les groupes de cases d'Antifandry, Maroloana, Bepako.

Le fleuve se divise ici en deux bras qu'il faut franchir; et, après avoir passé quelques villages, on arrive à Mevatanana, à cent soixante-dix mètres d'altitude.

Le fleuve n'est navigable que jusqu'à ce point. Les cent cases qui constituent Mevatanana, village fortifié, sont flanquées au milieu d'une région absolument aride, montagneuse et surtout très malsaine.

A peu de distance, Suberbieville, centre industriel.

Après avoir rencontré quelques groupes de cases qui sont comme égarées dans cette triste région, Mahabiby, Rambambo, Balambo, on atteint, à trois cents mètres d'altitude, le village de Tsarasoutro, composé de trente-cinq cases.

Le sentier continue pour venir rejoindre la rivière d'Ikopno, que divisent les îlots de Mosyfilo. En cet endroit un cours d'eau, le Mandendamba, barre le chemin : on le traverse à gué pour arriver au village de Mandendamba, qu'une quinzaine de cases composent.

Les cinquante cases qui composent Amposiry est encore séparé par un cours d'eau portant ce nom.

Le site devient montagneux, c'est à travers des déchirures de pierres et des ravins que l'on circule pour trouver les vingt cases du village de Morokolahy, cachées dans ce cahot.

On est ici à cinq cents mètres d'altitude.

Une rivière qui porte le même nom de ce dernier groupe de cases est encore à franchir. Après, à cent mètres plus haut, on atteint une place fortifiée par les Hovas, Malatsy, avec cinquante ou soixante cases.

Au-delà, la route, que traversent la rivière de Komolandy et un autre petit cours, passe au pied du mont Andriba pour monter encore à cent mètres plus haut, c'est-à-dire à sept cents mètres d'altitude où est perché Antsahansena, où sont huit cases.

A peu de distance se présente Alakamisy-Andriba, dont les dix cases sont surplombées par le mont Hiandreza.

De l'autre côté de cette montagne coule la rivière de Mamokamita, sur le bord de laquelle une vingtaine de cases forment Mahoharona.

La route monte toujours; on traverse une série de hameaux perdus au mileu d'un site absolument sauvage, sur les hauteurs.

Après avoir passé le village hova de Ampotaka, où se trouvent cinquante cases, la pente s'élève encore pour atteindre à plus de mille mètres d'altitude le groupe de cases abandonnées qui formaient le village d'Ambohimaorina. Après avoir passé la rivière de Fringalava, qui coupe la route; cette dernière pénètre entre deux montagnes qui l'emprisonnent et descend dans la vallée du Manankazo.

A gauche, le hameau de Kiangara où se trouve un fort de défense.

Kinajy, placé un peu plus haut, est une place fortifiée, composée de soixante-dix à quatre-vingts cases.

A la suite, Tsiafahi, Fiantsona, la montagne de Mandrava, où se trouve le village et le fort de Mahdridaza.

Encore quatre étapes et l'on arrive à Tananarive.

La première, après Mahdridaza, conduit à Talata, où se tient un marché fréquenté par les naturels de tous les environs.

A mille deux cents mètres d'altitude, Ambaloronana, avec vingt-cinq cases. Plus haut, à mille trois cents mètres d'altitude, le village d'Ambazobé, puis enfin Tananarive, que le palais royal domine.

On est à mille quatre cent vingt mètres de hauteur.

La distance à parcourir depuis Majunga jusqu'à la capitale est de quatre cent quatre-vingts kilomètres environ ; exactement, quatre cent soixante-dix-neuf kilomètres quatre cents mètres.

Cette longue étendue est encore, pour ainsi dire, doublée par les nombreuses difficultés qu'elle présente. On ne trouve dans cette région aucune espèce de ressources ; les villages ne sont habités que par des populations misérables, vivant au jour le jour des produits d'une récolte à peine suffisante, de la chasse et des fruits qui poussent dans les forêts. On ne peut donc compter sur aucune éventualité heureuse en cours de route et il est indispensable de s'approvisionner avant de partir.

Le chemin est beaucoup plus court du côté de l'Est, il est peut-être moins difficile à parcourir. Ainsi, les troupes débarquant à Tamatave, auraient eu à franchir une distance trois fois moins longue pour atteindre Tananarive. Mais il aurait fallu pour cela pouvoir combattre un ennemi autrement redoutable, le climat.

La côte Est, comme nous l'avons déjà dit précédemment, est absolument empoisonnée et il eût été imprudent de l'affronter.

C'est d'ailleurs la chose sur laquelle comptaient un peu les Hovas.

Ils avaient d'abord cru que la France hésiterait à entreprendre une expédition, puis quand ils ont reconnu cette première erreur, ils ont supposé que nous prendrions le chemin le plus court pour arriver à Tananarive, sans nous préoccuper des dangers que présentait l'empoisonnement de l'atmosphère.

La sagesse de nos dispositions n'est pas restée sans leur causer une surprise, ni sans amoindrir leur première confiance.

Déjà les paquebots qui ont transporté les hommes et le matériel de guerre à Madagascar, quittent le port de Majunga, pour retourner en France. Ils ramènent les soldats dont la santé a été atteinte par les excès de fatigue et le climat qui, quoique peu malsain de ce côté, n'en exerce pas moins une influence, le surmenage aidant, sur les constitutions.

La précaution de ce retour des malades est parfaitement fondée, car les guérisons sur les lieux mêmes où est le germe de la maladie est bien difficile, sinon impossible, dans de nombreux cas.

Le port de Majunga présente, paraît-il, un très curieux spectacle d'animation ; il est envahi par une grande quantité de bateaux, dont les uns sont chargés de vivres, de marchandises diverses et les autres de passagers.

Cette affluence de voyageurs est provoquée par les événements qui jettent l'île dans un état d'effervescence extraordinaire. Commerçants, artisans, aventuriers, voient dans la guerre un moyen de constituer une rapide fortune, soit par la vente de marchandises à prix exagéré, par un travail chèrement payé ou, surtout les aventuriers, en « pêchant » dans les circonstances éventuelles que peuvent faire surgir les événements.

Il en vient de tous les côtés, des îles environnantes, des côtes d'Afrique et surtout d'Amérique. C'est un mélange de races blanches, noires, jaunes, un monde d'officieux dont les services peuvent être utiles, s'ils ne sont pas toutefois nuisibles. Il est bien de considérer, en effet, que les coureurs d'aventures, dont le seul but est de s'enrichir immédiatement, d'un seul coup, ne reculent devant aucun moyen quelque peu scrupuleux qu'il soit, pour arriver à leurs fins.

Nous n'entendons pas englober tous les émigrants qu'attire la guerre dans cette supposition, il peut, il doit certainement y en avoir de bien intentionnés.

Quoi qu'il en soit, cette affluence donne de la vie au pays et est pour le moment très agréable ; Majunga y gagne de devenir un centre très animé et de posséder de plus grandes ressources.

Naturellement dans la cohue des arrivants, on peut voir circuler la redingote râpée, le chapeau plat, la maigre et longue personne du pasteur, qui distribue des bibles et des conseils, glisse partout dans les groupes, intrigue et se sauve béatement, hypocritement, dès qu'il se sent deviné dans ses intentions.

CHAPITRE XVII

La Couronne royale

A la suite des événements qui se terminèrent par la signature du traité de 1885, établissant les conditions de notre protectorat à Madagascar, le gouvernement français résolut d'offrir un présent à la reine.

Ranavalo Manjaka n'avait, à cette époque, pas de couronne pour orner son front, ou, pour être plus vrai, n'avait qu'un semblant de couronne peu digne de sa royale personne.

Le diadème qu'elle possédait, en effet, ne ressemblait en rien à ceux que les rois et les reines ont l'habitude de porter dans les cérémonies, c'était tout modestement un objet ressemblant assez à la moitié d'une mitre, en métal, quelconque doré. Peut-être le métal était-il de l'argent. Rien n'était moins gracieux que cet ornement, encore enlaidi par des agréments en verroterie et en filigranes.

La parure était accompagnée d'un collier aussi extravagant que pittoresque, de boucles d'oreilles formées par de lourds anneaux et de bracelets étrangements façonnés.

Tous ces *joyaux* réunis ne représentaient pas une bien grande valeur, n'était celle que leur attribuait leur propriétaire.

Lorsque la souveraine s'affublait de ses ornements, fort en rapport d'ailleurs avec l'invraisemblable accoutrement de ses toilettes aux couleurs criardes, faisant ressortir davantage le noir de sa chair, elle ressemblait à ces pseudo-princesses exotiques, couvertes d'oripaux, que les barnums montrent pour quinze centimes sur les champs de foire, ou a un joli petit sapajou.

L'admiration des sujets malgaches n'en était pas pour cela moins grande. Au contraire, ils trouvaient leur reine splendide de beauté et de grâce, incomparable dans la richesse de ses atours. Le premier ministre la comparait volontiers à « un astre radieux, brillant d'un éclat éblouissant sur le fond azur de la voûte céleste; » les courtisans faisaient chorus, les poètes la chantaient en vers et en prose, le peuple demeurait en extase.

Évidemment c'était ridicule, mais les naturels de Madagascar ont une manière de voir qui diffère de la nôtre; ne trouvent-ils pas tout naturel chez eux, que les dames répandent une huile nauséabonde sur leur corps, ou se fardent avec de la poussière de charbon? Le noir, à leur avis, a les plus belles nuances de l'ivoire. Nous nous garderons bien de contrarier cette appréciation.

Mais vraiment, aux yeux des Européens, la reine manquait par trop de majesté dans les représentations royales. Douée d'un physique qui n'est pas précisément beau, sa quincaillerie et son morceau de mitre ne contribuaient pas du tout, mais pas du tout, à l'embellir. Notre envoyé en fit justement la remarque et c'est à la suite de cette communication que le Ministre des affaires étrangères prit l'initiative d'offrir une parure à notre protégée.

Il s'adressa, à cet effet, à un de nos artistes joailliers parisiens, M. Léon Ducreux, et lui fit au mois de juillet 1886, la commande de la parure en lui laissant l'initiative de la confection. La livraison devait être faite deux mois après.

Deux mois pour combiner et fabriquer une couronne de cette importance, c'était peu.

Il s'agissait d'un diadème, d'un collier avec pendant de cou, de deux bracelets et de deux paires de boutons d'oreilles.

La première difficulté qui se dressait devant l'artiste était celle de l'ornementation. Que mettrait-il sur l'ossature en or de ses pièces : des brillants, des émeraudes, des turquoises ? Ce n'était pas facile à déterminer. S'il s'était agi d'une parure destinée à une Européenne, c'eût été facile, car l'éclat d'une peau bien blanche supporte tous les ornements de ce genre, mais ici ce n'était pas le cas.

Les brillants auraient pu, par leurs feux, présenter l'inconvénient de donner à la tête royale un faux air de charbon enflammé, il eût été inconvenant de ne pas éviter cette fâcheuse confusion ; les émeraudes pouvaient donner l'impression de scarabées égarés sur une boule de houille ; quant aux turquoises, elles auraient tout simplement paru sales. Le rouge seul pouvait convenir : rouge et noir, noir et rouge, ces deux couleurs vont très bien ensemble, elles s'avantagent par leur disparité. Le joaillier opta donc pour le rouge il combina la parure, dont la reproduction en gravure se trouve dans ce chapitre.

L'effet en est des plus heureux et l'œuvre est artistique.

Le diadème est composé de boules ou boutons et de poires en beau corail, d'un rouge très vif, montés sur or mat.

Il comprend une double torsade en or massif, formant cercle ; entre les deux torsades, sont placées des boules de corail très grosses sur le devant et continuant en progression décroissante de diamètre vers le derrière.

Les boules sont séparées entr'elles par des motifs en or, affectant la forme de fleurs de lys droites. Le centre de ces motifs est orné d'une mignonne perle, toujours en corail.

Au-dessus de la torsade supérieure et dans sa longueur sont disposées des cornes d'abondance en or mat, admirablement ciselées. De chacunes de ces cornes s'élancent, très allongées et brillantes, présentant à leur extrémité la partie la plus grosse, de superbes poires en corail, qui vont aussi en diminuant vers la partie opposée à la face.

Enfin, la partie principale du diadème, le fronton, est formée par un gigantesque motif qui donne à la couronne un véritable cachet distinctif. Le motif représente un soleil en or, dont les rayons sont ciselés très vifs, au centre duquel est placé une énorme boule en corail bien poli. Au-dessus s'élève sur une boule une fleur de lotus

La couronne de la reine de Madagascar

en or mat, d'où surgissent en éventail d'autres perles en forme de poire.

Le poids de la couronne dépasse un kilo cinq cents grammes.

Dans le collier, l'artiste a reproduit, en pendant de cou, le motif principal du diadème, mais en le représentant dans le sens opposé et mobile.

Le tour du cou est de même formé de deux torsades d'or mat, entre lesquelles sont placées des boules de corail et des fleurs de lys en or ciselé, exactement comme dans la couronne. De chaque côté du pendant, c'est-à-dire du soleil, sont suspendues des cornes d'abondance, d'où des poires de corail s'échappent.

Les bracelets ne sont que la reproduction exacte du motif formant la base du diadème. Au centre une grosse perle de corail, entourée de rayons d'or flamboyants. Le corps du bracelet est formé comme les autres bijoux, par une double torsade enchâssant grains de corail et motifs en or mat.

Les boutons d'oreilles sont formés : une paire, par une réduction du soleil de la couronne et assez volumineux, peut-être trop volumineux, pour des oreilles plus délicates ; la seconde parure est plus simple, ce sont tout simplement deux jolies perles rouges, parfaitement rondes ; l'artiste, par une attention..... artistique, les a montées à brisures d'or et disposées de façon à donner l'impression d'un joli petit fruit rouge vif, suspendu à l'oreille.

La parure entière pèse environ deux kilos trois cents grammes.

Indépendamment de la valeur intrinsèque, elle a une grande valeur artistique. C'est un cadeau vraiment royal.

Elle a été placée dans un somptueux écrin, mesurant exactement un mètre carré. L'extérieur de l'écrin était en maroquin écrasé, orné d'appliques et d'arabesques en argent; l'intérieur garni de satin blanc chiffonné. M. Le Myre de Villers a été chargé de l'offrir à la reine au nom du gouvernement français.

La remise en a été faite à l'issu de la cérémonie du bain, qui est une des plus importantes cérémonies de la cour malgache. Il fallait, en effet, choisir une circonstance solennelle pour offrir ce cadeau et pour en faire ressortir toute la valeur.

Le bain de la reine de Madagascar a lieu une fois par année.

Cela ne veut pas dire, nous le croyons du moins, que Sa Majesté Ranavolo III ne se baigne qu'une fois tous les ans, ce serait déplorable pour sa santé et singulièrement vouloir faire sentir sa présence à ses humbles sujets. Nous voulons parler du bain qui est considéré à la cour d'Émyrne comme une sorte de fête nationale, un anniversaire ou un 14 juillet, où la reine se glisse cérémonieusement dans la baignoire devant les hauts personnages du royaume.

Cette fête a lieu dans une salle spéciale, de style mauresque, décorée de motifs divers : écussons, allégories, cartouches, arabesques, etc. Tous ces ornements sont peints avec des couleurs vives, rouge, jaune, bleu et fortement dorés ou argentés.

De grandes tentures en soie rouge et bariolée sont suspendues devant les issues et drapées avec des cordelières en or.

Le sol est tendu de tapis.

Le colonel DE TORCY, chef d'état-major du corps expéditionnaire

Adossée au fond de la salle, s'élève une sorte de plateforme, composée de plusieurs marches, recouvertes de tapis. C'est là dessus que se trouve la piscine.

Devant la baignoire, deux serviteurs tendent, au moyen de perches enguirlandées, une étoffe en soie bleue, qui la cache aux regards. Ces deux serviteurs sont nu-pieds, vêtus d'une robe blanche drapée sur l'épaule à la façon antique des toges romaines, laissant à nu une partie du corps. Une cordelière en soie rouge leur ceint la taille ; la tête est enveloppée d'un foulard de soie aussi rouge.

Au pied de l'estrade, des gardes d'honneur chamarrés se tiennent immobiles, la lance au poing.

La reine, en costume de bain, c'est-à-dire tenant dans les mains un morceau d'étoffe en soie blanche, qu'elle drape sur son ventre, de façon à laisser à nu la poitrine et les jambes, se tient debout dans la baignoire. Ses cheveux, dénoués, pendent tout frisottants derrière la tête. Ses femmes l'entourent et l'ondoient légèrement.

Dans une salle voisine, les hauts dignitaires sont rassemblés ; ils revêtent pour la circonstance leur costume de gala. Ils vont être, tout à l'heure, admis à l'honneur de présenter leurs hommages à la souveraine.

Deux officiers, faisant office d'introducteurs, sont postés devant la porte qui fait face à l'estrade.

A un moment déterminé, et sur un signe de la reine, les introducteurs soulèvent la portière et les visiteurs entrent en ordre, en observant le plus religieux silence.

C'est d'abord le premier ministre, qui, en sa qualité de mari, a un droit de préséance. Il porte l'uniforme de généralissime des armées, la tunique chamarrée de broderies d'or, sur la poitrine, dans le dos, au col, aux poignets. Il porte les aiguillettes de l'officier d'ordonnance ou de l'enseigne de vaisseau en tenue de service ; au cou, une cravate de commandeur. Un grand sabre de cavalerie se balance à son côté gauche, suspendu à un ceinturon doré ; de larges galons d'or bandent son pantalon. Il tient à la main le casque colonial chargé de dorure.

Après le premier ministre et dans l'ordre que leur assigne l'honneur dont ils sont revêtus, les princes de la maison royale, les dignitaires de la couronne et les nobles. Tous à peu près portent des costumes militaires semblables à celui du premier ministre ; ils n'en diffèrent que par la richesse des ornements. Ceux auxquels le grade n'impose pas l'uniforme, sont vêtus de robes, de toges, de scheroual, offrant, dans leur habillement, un mélange d'arabe, de persan et de turc. Ils sont coiffés de turbans ou de fez de couleurs variées.

Les ombiaffes ou devins avec leurs longues robes. Enfin, les étrangers privilégiés qui ont, à un titre quelconque, leurs grandes et leurs petites entrées à la cour.

Le cortège s'avance processionnellement et en faisant le moins de bruit possible jusqu'à quelques pas de l'estrade, salue trois fois et demeure dans l'attitude d'une demi-révérence, le corps légèrement incliné, les yeux fixés sur le parquet.

Le héraut annonce :

— Les premiers des fidèles de notre reine bien-aimée sont venus pour lui dire leur amour et lui souhaiter longue vie.

— Merci à mes fidèles, dit la reine en faisant clapoter l'eau de son bain, je les écoute, qu'ils parlent.

— O ma souveraine que Dieu bénisse ! s'écrie aussitôt le ministre. Les assistants répètent comme un écho : O notre reine que Dieu bénisse !

— O Votre Majesté ! continue le ministre, nous venons en ce jour de votre gloire, vous renouveler que nous sommes toujours fidèles à votre couronne, à votre pays et à vous.

Il faut vous dire que nous et votre peuple nous vous aimons, nous vous chérissons. Vous êtes, ô notre souveraine ! celle qui représentez la race des ancêtres, maîtres de ce pays, nous sommes ceux qui vous servons et qui vous défendons.

Que Dieu vous conserve la vie pour notre joie, pour le bien de votre peuple qui jusqu'à présent a été heureux de votre règne. Toute la cour, tout le peuple parlent par ma bouche, ô Votre Majesté !

Nous demandons que l'eau qui touche votre chair sacrée consacre notre noblesse et arrose notre amour et notre fidélité.

Est-ce bien ainsi, ô nobles, ô peuple !

— C'est bien ainsi, répond l'écho des assistants.

La reine parle à son tour.

— Mes ancêtres, dont l'esprit plane sur moi et sur vous en ce moment, doivent être contents de ce que vous dites et de ce que vous faites, je vous remercie.

Nobles, soldats, peuples, je suis votre reine et je prends soin de vous parce que vous êtes fidèles et que vous m'aimez ; pour vous le prouver, l'eau qui touche ma chair sera répandue sur vous pour consacrer votre noblesse et arroser votre amour et votre fidélité.

Un silence succède à ces paroles, on n'entend plus que le léger clapotement de l'eau dans laquelle la reine s'agite. Elle sort enfin du bain, ses femmes l'enveloppent aussitôt avec des peignoirs et la conduisent dans un cabinet de toilette aménagé derrière des tentures.

Les serviteurs qui maintenaient la tenture cachant la baignoire se retirent et les assistants viennent se grouper autour de l'estrade où ils attendent le retour de la reine.

Celle-ci reparaît bientôt, mais alors parée de ses plus beaux atours : une robe à longue traîne dont le corsage est légèrement échancré, laissant voir la gorge ; ses bras nus sortent de manches en dentelles fendues depuis l'épaule.

Après un nouvel échange de compliments réciproques, on procède à la partie la plus importante de la cérémonie :

Deux officiers, sur un signe de la reine, s'avancent vers la baignoire, en faisant forces courbettes et le plus solennellement du monde, ils aspergent les assistants avec l'eau qu'elle renferme.

Les fronts se courbent, on s'agenouille pour recevoir cette pluie qui salit peut-être, mais « consacre la noblesse et arrose l'amour et la fidélité ».

Les aspergés sont radieux, car c'est là, paraît-il, la plus haute des faveurs royales et le plus ruisselant est le plus heureux.

Ce procédé est certainement extraordinaire, mais on ne doit pas oublier que les Malgaches considèrent le chef de l'État comme une divinité ; tout ce qu'il touche est sacré et doit être vénéré.

On emporte la baignoire ; le premier ministre vient se placer auprès de la reine.

Alors commencent le défilé et les présentations. Chacun offre un présent, généralement des pièces d'argent ou des pièces d'or, et reçoit en échange un mot aimable, une faveur, une dignité. C'est ce jour-là que les sollicitations sont le mieux accueillies, les grâces facilement accordées ; aussi les ambitieux le désirent-ils, sûrs qu'ils sont d'y récolter quelque chose.

Un repas, auquel prennent part les dignitaires, suivi d'une réception générale, clôture la fête. Au dehors, des réjouissances publiques ont lieu, on y fait de nombreux sacrifices propitiatoires.

C'est à la suite de la cérémonie du bain que le représentant de la France a offert à la reine la parure dont nous faisons la description ci-dessus.

La reine est d'abord surprise de voir cet écrin énorme, que deux serviteurs déposent à ses pieds ; sa curiosité s'impatiente vite, elle veut voir tout de suite ce qu'il renferme.

On ouvre l'écrin pour la satisfaire ; la Majesté reste saisie ; de sa vie, dans les rêves les plus fantastiques, elle n'avait désiré d'aussi beaux ornements. Le premier sentiment de stupeur passé, sa joie se traduit par des exclamations et de petits trépignements comme en ferait un bébé à la vue d'un grand polichinelle battu par un minuscule arlequin. Le ministre roule des yeux furibonds, l'attitude de la reine le contrarie, sa dignité de mari et de maitre en souffre. Qu'avait-on besoin de faire un pareil cadeau quand on ne lui donnait rien à lui ? La couronne surtout l'offusque ; ces une vraie couronne royale, il l'aurait presque voulue pour lui, tant il jalouse le prestige de sa femme. Pour peu il se mettrait en colère, mais il n'ose pas.

Ranavalo, toute à son admiration, ne s'aperçoit pas du mécontentement de son époux. Sans attendre plus longtemps, elle prend en main le diadème, le tourne en tous sens avec des précautions infinies en mimant toutes les phases d'une grande satisfaction. Rainilaiarivoni n'y tient plus, il fait remarquer à sa trop satisfaite épouse combien elle s'oublie dans une contemplation que ses sujets pourraient mal interpréter, que sa situation la place au-dessus de ce qu'il considère comme une mesquinerie. Un dialogue très animé s'engage entre les deux premiers personnages du royaume ; pendant un instant ils ont l'air d'échanger les épithètes les moins gracieuses du répertoire de la langue malgache.

Cette querelle de ménage rompt, pour un moment, les rigueurs de l'étiquette ; les dignitaires échangent leurs réflexions, commentent, discutent, se disputent. Les ombiaffes indignés chiffonnent leur barbe, ou lèvent de grands bras en signe de protestation. Les étrangers laissent échapper les signes les moins équivoques de leurs dispositions hilares.

La cour d'Émyrne rappelle...., en noir, une séance à la cour du légendaire roi Pétaud.

Ces sortes d'incidents ne sont pas rares et on n'y attache pas d'ailleurs une bien grande importance ; aussi, quand celui-ci prend fin, il ne laisse aucune trace.

Ranavalo replace le diadème dans l'écrin, et, s'adressant à notre envoyé, elle le remercie chaleureusement du beau cadeau qu'il vient de lui apporter au nom de la France. Elle parle longuement de la reconnaissance royale, du plaisir qu'elle ressent de notre protectorat, de son amitié, de sa fidélité et de celle de son peuple. Elle déclare que la France a un titre de plus à la protection de la royauté, puisque c'est elle qui vient de la doter de la couronne.

Le premier ministre, qui éprouve toujours le besoin d'intervenir, fait les mêmes déclarations en les accompagnant, pour leur donner probablement plus de force, de nombreuses attestations et d'invocations extravagantes.

Après les échanges de congratulations, les courtisans sont admis à admirer les nouveaux joyaux de la couronne. Ils défilent devant l'écrin en s'extasiant.

A l'issue de la cérémonie du bain, il est d'usage que la reine se montre à son peuple entourée de toute sa cour; elle veut le faire, parée des ornements qu'on vient de lui donner. Séance tenante, elle fait poser, sur ses cheveux luisants, le diadème; elle met à son cou le collier dont le pendant s'étale sur sa gorge brune; les deux soleils sont fixés à ses oreilles et ses bras reçoivent les deux bracelets. L'ensemble de la parure lui donne une majesté nouvelle; en se mirant dans une glace, une bouffée d'orgueil gonfle sa poitrine : elle se voit belle, elle se voit grandie.

C'est ainsi qu'elle se montre au peuple toute radieuse. Une longue acclamation la salue, et ses sujets, qui n'ont jamais rien vu d'aussi beau, se prosternent presque comme en une adoration.

Rainilaiarivoni enrage de ce triomphe.

Ce fut un événement dont la cour garde encore le souvenir; on affirme que la reine, après cette journée mémorable, a passé de longs jours à contempler ces bijoux. Elle ne pouvait s'en lasser. Cette joie nous a valu alors une recrudescence de bonnes grâces; elle ne manquait pas, à chaque occasion, de nous témoigner sa gratitude et de favoriser nos nationaux.

Et voilà comment le royaume de Madagascar fut doté d'une couronne.

L'enthousiasme est passé, l'amie est devenue, sous l'action des influences, une ennemie acharnée. Aujourd'hui, la France ne donne plus des bijoux à la reine, elle est obligée de lui prendre son trône pour faire respecter ses droits méconnus. Ranavalo Manjaka III ne rit plus, elle pleure ; par sa faute, ou plutôt par sa faiblesse, elle voit son trône menacé. D'un côté, la guerre qu'elle a imprudemment laissé provoquer ; de l'autre, la révolution que les haines, suscitées par son triste époux, peuvent faire éclater, saperont ce trône sur lequel elle aurait pu régner en paix.

Quels sentiments doivent l'agiter maintenant en regardant la couronne dont elle fut si fière et en se souvenant de l'amitié du pays qui la lui donna ? Quels regrets doivent l'envahir !

CHAPITRE XVIII

Hommage aux Français morts à Madagascar

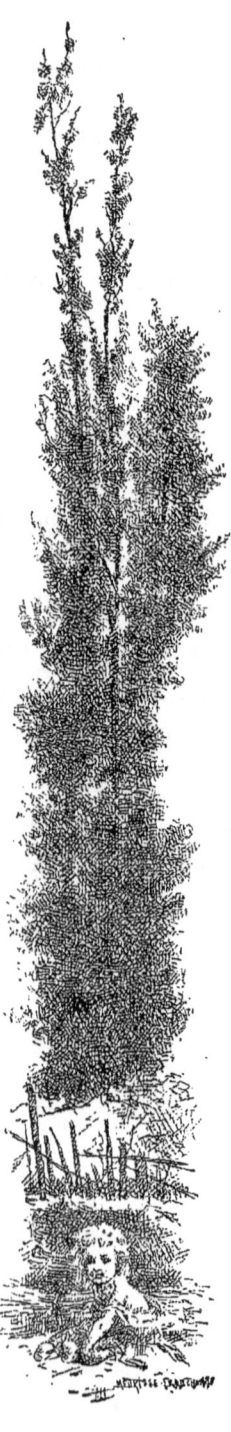

Le Général commandant le corps expéditionnaire croit arriver très rapidement à Tananarive. Il vient de demander au gouvernement l'envoi de quatre cents sapeurs qui auront pour mission de le précéder dans sa marche, en exécutant sur la route des travaux de déblaiement, tendant à la rendre plus pratiquable. La précaution est bonne; déjà les retards apportés aux travaux préparatoires, à Majunga, ont créé des difficultés qui n'ont heureusement pas été insurmontables, mais dont les conséquences ont été un surcroît de peines et de fatigues pour les troupes. Il était bon de prévenir de nouvelles causes d'embarras.

L'écho rapporte que le général Duchesne espère faire célébrer la fête du 14 Juillet, dans la capitale du royaume hova. L'écho est peut-être d'un optimisme un peu exagéré, mais cette espérance ne serait certainement pas irréalisable, si ce n'était la distance.

On a déjà vu les soldats hovas chassés par les nôtres, auxquels ils sont incapables d'opposer une résistance sérieuse, fuir en se laissant prendre des armes. On en voit tous les jours déserter pour disparaître à l'intérieur ou se ranger sous notre protection. Des chefs de tribu font leur soumission, des peuplades demeurées indépendantes demandent à se rallier. Réothta, le chef influent du Manabé, dont la tribu réside sur les bords de la rivière de Marondava et compte plus de 20,000 sujets, a donné l'exemple de la soumission.

Nos soldats marchent toujours en avant, bravant et surmontant tous les obstacles. Ces considérations rendent vraisemblable la réalisation du projet prêté au général Duchesne. Dans tous les cas, si la fête nationale n'est pas célébrée le 14 juillet à Tananarive, on y célèbrera toujours la victoire, à une date ultérieure.

Pro aris et focis

Déjà les noms s'inscrivent au carnet de deuil, les balles et la maladie font des victimes. Nous ne saurions terminer ce livre sans leur rendre hommage.

S'il appartient à la France d'élever un monument à ses héros, il appartient aux Français de crier leur admiration à leurs frères, dans un dernier adieu.

Cloué sur le gibet d'infamie qu'il sanctifia, le Christ, en son dernier soupir, exprima la pensée d'amour qui éclaira le monde. Dix-neuf siècles ont grandi les splendeurs auréolées de cette gloire rendue

Le colonel GILLON, commandant le 200e régiment

immuable ; son rayonnement s'étendra toujours plus lumineux jusqu'à la fin des temps.

Parce que le Christ est mort pour l'humanité, parce que le sang qui jaillit de ses plaies divines, féconda le sol où fut jeté le germe de l'Idée, sublime en ses générosités.

Le soldat sur le champ de bataille, tombant sous les coups de l'ennemi, meurt pour la Patrie, le sang qui coule de ses blessures féconde le sol qui l'a vu naître où croît aussi un idéal : celui du patriotisme.

Le Christ sauve le monde, il le régénère.

Le soldat défend la Patrie, il la glorifie.

En remontant de l'homme, créature, au fils du Dieu, créateur, le suaire tricolore a les parfums du suaire de Jésus.

Combien ce parallélisme est admissible; combien l'affinité mystérieuse qui existe entre la pensée divine et l'esprit national peut être constatée !

Le soldat expose sa vie pour son pays, il la perd pour l'Idée, *Pro aris et focis*. La dernière pensée qui brille en son esprit est pour ce pays, le dernier regard se tourne vers son orientation, le dernier soupir, toujours à l'exemple du Christ, renferme une expression d'amour.

Quels hommages ne mérite-t-il pas, quels mots peuvent-ils bien les exprimer ?

Chapeau bas devant ces héroïques enfants de la noble France ! Notre pensée les cherche au fond de leurs pauvres tombeaux de la grande île africaine où ils dorment leur dernier sommeil. En contemplant leurs visages pâlis par la mort, en regardant la plaie par où la vie est partie, en se les rappelant si jeunes d'âge, de force et de vie, si pleins d'avenir, le cœur s'étreint en une immense douleur. Fils d'une même mère, le coup qui les a tués nous blesse, nous sentons les souffrances de la déchirure de leurs chairs.

Mais tout n'est pas tristesse et regrets en notre âme angoissée, tout n'est pas larmes et désespérances; un sentiment de légitime orgueil est l'héritage de ces destinées.

Cette poitrine, maintenant affaissée sous la tunique, était fièrement exposée aux balles qui l'ont percée; cette tête inerte, qu'un nimbe d'or semble encadrer, était haute; ces yeux éteints regardaient l'ennemi bien en face.

Glorieuses dépouilles, précieuses reliques, bases du pavois où s'élève la Patrie triomphante, elles incarnent le splendide idéal du patriotisme. Le souvenir qui s'en dégage demeure impérissable. Quels qu'ils soient, soldats morts pour la cause sainte du prestige national, ils sont tous des héros, l'honneur de la grande famille militaire. Ce sont eux qui perpétuent les chevaleresques traditions de la vieille Gaule; ce sont eux qui maintiennent si haut le drapeau; ce sont eux qui font la France si belle; ce sont eux enfin qui ennoblissent la race et dorent les pages de l'histoire.

Leur vie, quelque courte qu'elle ait été, est bien remplie. Un jour, une heure peut-être, la couronne. Qu'importe, ce jour ou cette heure, ou même cette circonstance, si elle a suffi pour faire éclater tous les sentiments de leur être et les couvrir de gloire.

Couchés sur des lauriers, leur repos sera éternel, c'est le souhait de leurs frères, Dieu le réalisera.

Morts pour le monde, mais vivants pour la postérité.

Après l'expédition, quand sonnera l'heure de l'appel, ils ne répon-

Officier français en tenue coloniale

dront plus « présent », mais une voix se fera quand même entendre et cette voix dira :

« Mort au champ d'honneur ! »

Cette phrase, lancée dans le silence de la chambrée, ne résonnera pas comme un glas funèbre, mais retentira comme un cri de victoire; le nom circulera de bouche en bouche, murmuré par des lèvres frémissantes d'émotion, il deviendra un exemple de l'accomplissement du devoir.

Mort au champ d'honneur, c'est-à-dire, il a mérité de sa patrie, il a droit à toutes les admirations, à tous les hommages.

Dormez en paix le dernier sommeil, soldats morts à Madagascar, la France vous salue.

INDEX DES GRAVURES

	Pages
Chefs sakalaves.	
Carte de Madagascar	24
Ranavalo Manjaka, reine de Madagascar.	37
Rainilaiarivoni, premier ministre.	53
Vue de Tananarive.	69
L'armée hova.	89
L'artillerie hova.	101
Le gouverneur de Majunga.	117
M. Félix Faure, président de la République française.	133
Le général Zurlinden, ministre de la guerre.	149
L'amiral Besnard, ministre de la marine	165
Le général Duchesne, commandant en chef du corps expéditionnaire.	181
Le camp de Sathonay.	197
Le général Metzinger, commandant la première brigade	213
Le général Voyron, commandant la deuxième brigade.	233
La couronne de la reine de Madagascar	245
Le colonel de Torcy, chef d'état-major du corps expéditionnaire.	249
Le colonel Gillon, commandant le 200e régiment.	261
Officier français en tenue coloniale	265

TABLE DES MATIÈRES

Introduction.

CHAPITRE PREMIER

	Pages
Madagascar.	19
Les différents noms de Madagascar	20
Situation	20
Quest-ce que cette terre ?.	20
Montagnes	22
Côtes	23
Caps	26
Iles environnantes	27
Cours d'eau	27
Climat	28

CHAPITRE II

	Pages
La végétation faune	31
Le sol	32
Arbres	32
L'arbre anthropophage	33
La flore	35
La faune	39
L'oiseau géant	40
Les minerais	42

CHAPITRE III

Division des provinces	45
L'origine des habitants	46
Les Pygmées cannibales	47
Deux légendes transmises par la tradition populaire	48
Les types	49
Les Hovas	50
Les autres peuplades	51
La superstition et le christianisme	55

CHAPITRE IV

L'instruction, les écoles	60
L'impôt de l'église protestante	61
Gouvernement	62
Les sujets	63

TABLE DES MATIÈRES

	Pages
La noblesse	64
Le premier ministre	65
Le trésor, les impôts	66
Les lois militaires	67
Les traitements des employés de l'État	68
Le jugement de Dieu	71

CHAPITRE V

MŒURS ET COUTUMES	73
Le costume, les ornements	74
Les cases	76
Les esprits	76
Sorciers et talismans	79
Les fadi	80
Guérison des malades	81
Décès	82
Unions	82
Situation de la femme	83

CHAPITRE VI

LA CIRCONCISION, RIVALITÉS DES TRIBUS, L'ESCLAVAGE	87
Cause des divisions	87
Les batailles	87
Les ambassadeurs	88
La traite des esclaves	91
Les négriers	92
Pasteurs et esclaves	95

CHAPITRE VII

	Pages
VILLES PRINCIPALES, COMMERCE, INDUSTRIE	97
Tananarive	97
Monuments	99
Fianarantsoa	100
Majunga	100
Fort-Dauphin	103
Propriété française	103
Colonisation	104
Industrie	105
Centres commerciaux	107
Commerce	115

CHAPITRE VIII

HISTORIQUE	116
Moyens de transport, service postal	116
Les explorateurs portugais	119
Compagnies françaises d'exploration	120
M. de Prony	121
Dian Ramach	128
Les désordres	124
M. de Flacourt	126
M. Chamargou	122
Siège de Fort-Dauphin	129

CHAPITRE IX

	Pages
Les missionnaires	131
Massacre du père Etienne et de sa mission	132
Hommage aux missionnaires	135
Souvenirs d'un vieux missionnaire	137

CHAPITRE X

Les Anglais	143
Nouvel abandon de Madagascar	144
Précautions du duc de Praslin, pour une nouvelle expédition	145
Départ de M. de Modave	146
Nouveaux désordres à Sainte-Marie	147
Convoitises de l'Angleterre	148
L'arrivée des Anglais, leur échec	151
Le roi Radama et l'unité de l'île	152
Radama II	153
Usurpation du trône par Ranavalo Manjaka	155
Chasse aux Français	155
La *Néréide*	156
Le commandant Marestier	157

CHAPITRE XI

Le traité, le Protectorat	159
Les Hovas	160

	Pages
Encore les Anglais	161
Projet de traité du gouvernement Hova	163
Traité du gouvernement français	164
Reconnaissance du protectorat	167
Les résidents français	168
Rejet de l'ultimatum de la France	169

CHAPITRE XII

LE CORPS EXPÉDITIONNAIRE	171
Les forces malgaches	171
Le général Duchesne	172
Les généraux Metzinger et Voyron	173
Composition du corps expéditionnaire	174

CHAPITRE XIII

FORMATION DU CORPS EXPÉDITIONNAIRE	183
Proclamation du général Viel d'Espeuille	185
Le 200ᵉ à travers la France	186
A travers Paris	186
A la gare de Lyon	188
Vive le 200ᵉ	189
L'arrivée à Lyon	190
A Satonay	191
La salle d'honneur	192

TABLE DES MATIÈRES

CHAPITRE XIV

	Pages
Le Président de la République; départ de Paris	195
Le train spécial	196
L'arrivée à Sathonay	199
Remise des Drapeaux	200
Proclamation de Président de la République	201
La revue	202
Remerciements du Ministre de la Guerre	203
Réponse du Président	204
Ordre du jour du général Duchesne	205

CHAPITRE XV

Le matériel de guerre, départ des transports	209
A Madagascar	215
Manifeste de la reine	217
Proclamation du premier Ministre	219
Le serment	220
Proclamation du commandant Bienaimé au peuple de Madagascar	221
Préparatifs	223
Parade royale	224
Les journaux anglais de Madagascar	225
L'action	226

CHAPITRE XVI

Le trajet du corps expéditionnaire	231
Le port de Majunga	239

CHAPITRE XVII

	Pages
La couronne royale.	241
Les bijoux de la reine	241
La parure offerte par le Gouvernement français	243
La cérémonie du bain de la reine.	248
L'aspersion.	254
Querelle de ménage.	256
Aujourd'hui ?	

CHAPITRE XVIII

Hommage aux Français morts a Madagascar	259
Pro aris et focis	260
Dormez en paix.	267

PARIS. — IMPRIMERIE F. JOURDAN, 36-38, RUE DE LA GOUTTE-D'OR.

www.ingramcontent.com/pod-product-compliance
Lightning Source LLC
Chambersburg PA
CBHW070541160426
43199CB00014B/2317